编委会 \\

主　　编　张红燕
副 主 编　张新月　赵　明
参编人员（按汉语拼音排序）
　　　　　陈晓波　董　湧　郝志红　李　燕
　　　　　梁晓瑾　王桂香　王小莉　夏静文
　　　　　徐　红　杨振华　张　华

宁夏大学图书馆简史

张红燕 主编 张新月 赵 明 副主编

黄河出版传媒集团
阳 光 出 版 社

图书在版编目（CIP）数据

宁夏大学图书馆简史：1958—2023 / 张红燕主编；
张新月，赵明副主编. -- 银川：阳光出版社，2024.
12. -- ISBN 978-7-5525-7620-7

Ⅰ. G259.256

中国国家版本馆CIP数据核字第2025Q72C29号

宁夏大学图书馆简史　　　　　　　　　　　　　　张红燕　主　编
（1958—2023）　　　　　　　　　　　　张新月　赵　明　副主编

责任编辑　贾　莉
封面设计　赵　倩
责任印制　岳建宁

出版发行　阳光出版社
地　　址　宁夏银川市北京东路139号出版大厦（750001）
网　　址　http：//ssp.yrpubm.com
网上书店　http：//shop129132959.taobao.com
电子信箱　yangguangchubanshe@163.com
邮购电话　0951-5047283
经　　销　全国新华书店
印刷装订　宁夏凤鸣彩印广告有限公司
印刷委托书号　（宁）0031328

开　　本　787 mm×1092 mm　1/16
印　　张　18.5
字　　数　250千字
版　　次　2024年12月第1版
印　　次　2024年12月第1次印刷
书　　号　ISBN 978-7-5525-7620-7
定　　价　78.00元

诗和远方（代序）

　　65载风雨兼程，65载春华秋实。宁夏大学图书馆的前身是宁夏师范学院图书馆。1958年，宁夏师范学院、宁夏农学院和宁夏医学院成立，同年，三所学校图书馆也相继成立。1962年，三所学校图书馆合并成立宁夏大学图书馆。风雨沧桑一甲子，2023年宁夏大学图书馆迎来了65周岁的生日。

　　张红燕同志毕业于南京大学文献情报学系图书馆学专业，在宁夏大学图书馆工作20多年，担任宁夏大学图书馆副馆长近20年。出于对图书馆深厚的感情，几年来为编辑出版《宁夏大学图书馆简史（1958—2023）》（以下称《简史》）广泛地收集资料，大量地走访调研，付出了艰辛的努力。

　　一部馆史，生动再现了宁夏大学图书馆65年的办馆历史，真实记录了图书馆65年发展的历程。张红燕同志多次邀我为书作序，我着实诚惶诚恐，不敢应允，主要原因是，《简史》一书记录了宁夏大学图书馆一代代人65年的奋斗史，感到自己分量不够，人微言轻，才疏学浅。同时，张红燕同志起草、编撰此书，我给予的支持太少，感到惭愧。但鉴于张红燕同志诚意相邀，也考虑自己作为图书馆建设发展中的一名见证者，有责任和义务写点体会和感受，在此以文代序，谈点感受。

　　65年栉风沐雨，65年艰苦创业。走得再远都不能忘记来时的路。一部馆史，将我们带回到1958年宁夏师范学院图书馆成立初期，只用1间教室作为馆舍，4名工作人员办馆的艰难时期；把我们带到了宁夏农学院图书馆成立初期只有30平方米的馆舍、2名工作人员，以及1间阅览室的办馆初期的艰辛场景。这一切让我们仿佛看到了馆员用架子车从西花园火车站运回北京大学图书馆等院校捐赠给宁夏大学古籍的艰苦；让我们仿佛又回到了逸夫图书馆建立初期两校合并时期，130多名馆员的大聚会，再现宁大人"散是满天星，聚是一团火"的图书馆品格。

65年来硕果累累，65年再铸辉煌。改革开放以来，随着党和国家对教育事业的重视，在学校领导和社会各界的关心和支持下，图书馆建设进入了飞速发展的新时期。如今，宁夏大学图书馆馆舍面积达3.9万平方米，纸质文献220余万册，电子图书340余万种，数据库资源116个。图书馆以其独具特色的丰富馆藏，先进的管理理念和严谨的工作作风，在宁夏高校图书馆乃至西北地区享有盛誉。特别是近年来，学校领导十分重视图书馆的建设与发展，先后投入专项资金改造了图书馆的空间和环境，学生的学习环境得到极大改善。当前图书馆抢抓"双一流"建设和"部区合建"的历史机遇，紧扣立德树人根本任务，打造"三全育人"和"三进"工作的重要阵地和窗口，形成了创新、融合、互动、共享、发展的新格局，实现了传统图书馆向文化中心、信息中心、知识中心、学习中心、服务中心、体验中心、共享中心、创新中心和发展中心的转变。

65年的馆史，65年的征程。一部馆史，是宁夏大学图书馆的真实见证，也是广大校友谱写的华彩乐章。宁夏大学图书馆始终像一座灯塔，照耀着学子和老师前行的方向。岁月失语，唯书能言。一本本模糊的老图书、一张张发黄的旧照片、一届届学子的借书卡，都承载着多少学子在宁夏大学图书馆收获的知识、爱情和力量，留下的记忆梦想、诗和远方。

"贺兰肖然、长河不息；根深叶茂、本固枝荣。"祝愿宁夏大学图书馆的明天更加美好！

宁夏大学图书馆党总支书记　王彦仓

2024年9月

前　言

　　"高等学校图书馆是学校的文献信息资源中心，是为人才培养和科学研究服务的学术性机构，是学校信息化建设的重要组成部分，是校园文化和社会文化建设的重要基地[①]。"可以说，图书馆史是校园文化的重要组成部分，也是图书馆文化不可或缺的内容。

　　宁夏大学是教育部与自治区人民政府"部省合作共建高校"、国家"双一流"（一流学科）和"211工程"建设高校，有着65年的历史。宁夏大学图书馆同学校母体一脉相承、相伴而生，在65年的发展中，经历了创始时期、发展时期、新机遇新发展、新时代新征程4个重要阶段。图书馆的发展从馆舍建设、文献资源、管理方式到服务理念都发生了翻天覆地的变化，目前正向着智慧图书馆建设而不懈努力。

　　然而，在宁夏大学图书馆的成长中，其历史变迁、奋斗业绩和服务特色，或模糊不清，或记录不全。编写《宁夏大学图书馆简史（1958—2023）》（以下称《简史》）的目的在于弥补历史记录的缺失和不全，通过讲述图书馆故事，让馆员们"了解从前、立足当前、奋力向前"。

　　《简史》资料来源于图书馆工作总结、正式出版图书（《宁夏大学五十年（1958—2008）》《宁夏大学2008—2018》《宁夏大学年鉴》《宁夏教育年鉴》等）、

[①] 2015年12月教育部教高〔2015〕14号《普通高等学校图书馆规程》。

宁夏大学档案馆相关资料以及宁夏大学内部资料（《宁夏大学报》《宁夏大学史事编年》等）。由于《简史》历史跨度较长，一些资料收集不尽如人意，加之编者认知及水平有限，不足之处在所难免，恳请读者谅解！

　　《简史》资料截至2023年12月。

　　《简史》虽简，但编者用心。谨以此书献给默默奉献的宁大图书馆人，以及关心和热爱图书馆的师生、朋友。

编　者

2024年9月

宁夏大学图书馆历史沿革图

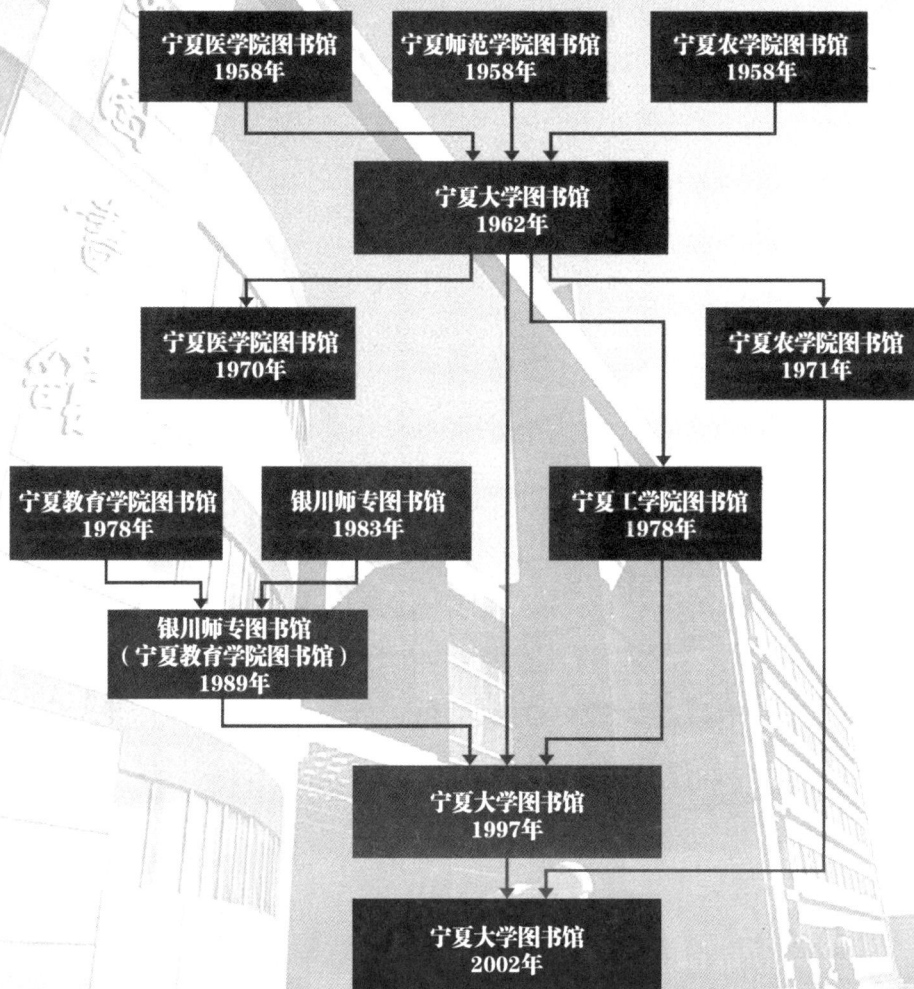

```
宁夏医学院图书馆        宁夏师范学院图书馆       宁夏农学院图书馆
1958年                 1958年                  1958年
        │                    │                      │
        └────────────────────┼──────────────────────┘
                             │
                    宁夏大学图书馆
                    1962年
        ┌────────────────────┼──────────────────────┐
        │                    │                      │
宁夏医学院图书馆                                 宁夏农学院图书馆
1970年                                          1971年
                                   │
宁夏教育学院图书馆    银川师专图书馆      宁夏工学院图书馆
1978年               1983年            1978年
        │                │
        └────────────────┘
                │
        银川师专图书馆
        （宁夏教育学院图书馆）
        1989年
                │
                └──────────────┬───────────────────────┐
                             宁夏大学图书馆
                             1997年
                                   │
                             宁夏大学图书馆
                             2002年
```

目 录

第一章

创始时期（1958—1979）

宁夏大学的前身是宁夏师范学院、宁夏农学院和宁夏医学院，创建于1958年9月。在宁夏回族自治区成立的筹备过程中，同时着手创建宁夏大学，并于1958年7月成立了宁夏大学筹委会。鉴于当时的历史条件和经济发展水平，直接办一所大学面临诸多困难，自治区党委决定在银川师范学校、银川农业机械化学校、宁夏卫生学校的基础上分别成立师范学院、农学院、医学院，待条件具备以后再成立宁夏大学[①]。1958年9月15日，宁夏师范学院、宁夏农学院、宁夏医学院联合举行开学典礼，以这次开学典礼为标志，宁夏高等教育开始扬帆起航。1959年7月，自治区人民委员会正式确定了三所学院的校址：师范学院在原银川市中山公园路2号银川师范，农学院在银川市西门民族公学旧址（现银川警备区），医学院在银川市利群东街原银川一中南院宁夏卫生学校[②]。在三所学院的创建中，其图书馆也随之建立。

第一节　宁夏师范学院、宁夏农学院、宁夏医学院三院图书馆肇始

一、宁夏师范学院图书馆（1958—1961）

宁夏师范学院成立后，党政领导班子逐步任命。党委工作部门设置党委办公室、组织部、宣传部、团委；行政工作部门设置学院办公室、教务处、人事处、总务处。1958年9月教学单位设置语文系、数理系、历史系；教辅单位设图书馆。崔永盛为图书馆负责人[③]。

[①]《宁夏大学五十年》编写组. 宁夏大学五十年（1958—2008）[M]. 银川：宁夏人民出版社，2008：3.

[②]《宁夏大学五十年》编写组. 宁夏大学五十年（1958—2008）[M]. 银川：宁夏人民出版社，2008：7.

[③]《宁夏大学五十年》编写组. 宁夏大学五十年（1958—2008）[M]. 银川：宁夏人民出版社，2008：9-10.

图 1-1 宁夏师范学院大门（1959 年）

图 1-2 建校初期的学生宿舍（1958 年）

（一）馆舍、馆员

图书馆成立时暂用一个教室为临时馆舍，工作人员4名[①]。

（二）馆藏

1958年建馆时仅有图书1 000余册。1959年9月，宁夏师范学院图书馆接受教育部从北京大学、北京体育学院等校调拨的图书共6万余册，其中古籍线装书5万余册[②]。这些赠书提高了图书馆馆藏图书的数量和质量。

1959年6月26日，据《宁夏日报》报道：截至目前，宁夏师范学院已有图书98 000余册[③]。

据统计，到1960年底，宁夏师范学院教师已达到98人，在校学生485人，图书已增加到18万册[④]。

（三）规章制度

1961年6月，宁夏师范学院制定并汇编了相关规章制度，其中有《宁夏师范

① 西北五省（区）高等学校图书馆工作委员会协作组.西北地区高等学校图书馆的历史与现状 [M].西安：西北工业大学出版社，1989：17.
② 西北五省（区）高等学校图书馆工作委员会协作组.西北地区高等学校图书馆的历史与现状 [M].西安：西北工业大学出版社，1989：24.
③ 李树江.宁夏大学史事编年：1958—1988[J].宁夏大学学报，1988，10（S）：9.
④ 李树江.宁夏大学史事编年：1958—1988[J].宁夏大学学报，1988，10（S）：15.

图1-3　宁夏农学院旧址大门（1958年）

学院图书馆图书借阅暂行规则》。

二、宁夏农学院图书馆（1958—1961）

宁夏农学院图书馆成立时，馆舍面积为30平方米，工作人员2名，设阅览室一个①。

三、宁夏医学院图书馆（1958—1961）

1958年建院初期，学院党委成立后设置党委办公室、组织部、宣传部、团委；学院行政部门设置办公室、人事处、教务处、总务处；教学单位设有医学系和21个教学研究小组；教辅单位有图书馆②。

图书馆负责人是李铮（1958—1959年）、李明（1960—1964年）③。

（一）馆舍

馆舍为36平方米的平房两间④。

图1-4　宁夏医学院图书馆外景（1959年）

---

① 西北五省（区）高等学校图书馆工作委员会协作组.西北地区高等学校图书馆的历史与现状 [M].西安：西北工业大学出版社，1989：19.

②《宁夏大学五十年》编写组.宁夏大学五十年（1958—2008）[M].银川：宁夏人民出版社，2008：29.

③《宁夏大学五十年》编写组.宁夏大学五十年（1958—2008）[M].银川：宁夏人民出版社，2008：30.

④ 西北五省（区）高等学校图书馆工作委员会协作组.西北地区高等学校图书馆的历史与现状 [M].西安：西北工业大学出版社，1989：19.

（二）馆藏

学院图书馆成立于1958年10月。建馆时一方面积极采购书刊资料，另一方面请求协和医科大学等兄弟院校给予支援。到1960年图书馆藏书11 707册。其中，外文图书3 086册、中外文期刊469种（外文期刊271种）。这些馆藏书刊为教学、科研和临床提供了必要的文献资料[①]。

第二节 宁夏大学图书馆成立（三院图书馆合并）
（1962—1969）

一、三院合并的历史背景

1958年成立的宁夏师范学院、宁夏农学院、宁夏医学院是"大跃进"的产物。三所学院独立办学，规模很小[②]。

1961年自治区党委通过对宁夏三所院校新校址建设情况调查研究和分析论证，要求集中"三材"（钢材、木材、水泥）首先完成师范学院校舍（现宁夏大学怀远校区）建设，农学院、医学院已开工的校舍建设暂停。根据"精简机构、减少人员、节约开支"的原则，决定师范学院、农学院、医学院三院校合并成立宁夏大学。农学院于1961年8月全部搬到宁夏师范学院的新址。医学院因缺少校舍，暂留原处办学[③]。

---

① 《宁夏大学五十年》编写组. 宁夏大学五十年（1958—2008）[M]. 银川：宁夏人民出版社，2008：34.

② 《宁夏大学五十年》编写组. 宁夏大学五十年（1958—2008）[M]. 银川：宁夏人民出版社，2008：33.

③ 《宁夏大学五十年》编写组. 宁夏大学五十年（1958—2008）[M]. 银川：宁夏人民出版社，2008：34.

图 1-5　宁夏大学医学系大门（1962 年）

图 1-6　宁夏大学校门（1964 年）

图 1-7　宁夏大学校舍一角（1966 年）

二、宁夏大学图书馆成立

这一时期的图书馆工作以《中华人民共和国高等学校图书馆试行条例》（1956年12月，以下简称《试行条例》）和《教育部直属高等学校暂行工作条例（草案）》（1961年9月，以下简称《高校六十条》）为指导，开展业务工作。

《试行条例》明确："高等学校图书馆是为教学和科学研究服务的学术性机构。"

《高校六十条》第三十八条："高等学校必须根据教学和科学研究的需要，加强图书馆和资料室的建设工作和管理工作，图书资料的管理工作，应该从便利读者出发，不断提高服务质量，逐步加强资料整理、索引编制。加强图书馆之间的联系和协作。采取有效措施，防止图书资料的丢失和损坏。珍贵的图书资料，尤其应该切实加以保护。"

（一）馆舍、机构、馆藏

1. 宁夏大学图书馆

1962年9月，宁夏师范学院图书馆、宁夏农学院图书馆和宁夏医学院图书馆合并成立宁夏大学图书馆，借用1 000余平方米教室为临时馆舍，总藏书8万余册，工作人员15名。设馆长、秘书各1人，下设采编、流通阅览两组，采用《中国人民大学图书馆图书分类法》（简称《人大法》）类分图书[1]。1962年11月9日，"宁夏大学图书馆"印章启用。

1962年9月22日，经自治区党委常委会批准，王野坪任宁夏大学办公室副主任兼图书馆馆长[2]。1963年8月，学校选派王野坪馆长出席西北地区图书馆工作交流会。

1963年6月，学校制订了3年建设计划，即《1963—1965年的建设设计任务书》

---

① 西北五省（区）高等学校图书馆工作委员会协作组. 西北地区高等学校图书馆的历史与现状 [M]. 西北工业大学出版社，1989：31.

② 李树江. 宁夏大学史事编年：1958—1988[J]. 宁夏大学学报，1988，10（S）：32.

图 1-8　师生在大红楼前平沙丘（1963 年）
（大红楼一层为图书馆）

图 1-9　大红楼图书馆阅览室一角（1965 年）

（以下简称《任务书》），《任务书》确定在3年内规划建设教室、实验室及实习工厂、图书馆、动物室、教学门诊部等，建筑面积53 713平方米。自治区虽然批准了学校的基本建设规划，但资金投入仍然有限，学校规划的3 000多平方米的图书馆、阅览室，还有实验室以及学生宿舍等都未能按规划完成。因没有图书馆，暂时将教室用作图书馆[①]。

1963年6月22日，学校召开第24次行政会议，决议将图书馆迁至大红楼一层[②]（注：大红楼于1960年建成，1980年拆除）。

1964年9月，宁夏回族自治区人民政府任命张正和为宁夏大学图书馆馆长[③]。

截至1962年7月，仅师范学院和农学院已有图书214 656册[④]。

到1965年，图书馆藏书累计达到24万余册，其中线装古籍2万余册。随着"文化大革命"的开始，藏书建设停止，图书馆被封馆[⑤]。

---

① 《宁夏大学五十年》编写组. 宁夏大学五十年（1958—2008）[M]. 银川：宁夏人民出版社，2008：63，64.

② 李树江. 宁夏大学史事编年：1958—1988[J]. 宁夏大学学报，1988，10（S）：56.

③ 西北五省（区）高等学校图书馆工作委员会协作组. 西北地区高等学校图书馆的历史与现状 [M]. 西安：西北工业大学出版社，1989：38.

④ 李树江. 宁夏大学史事编年：1958—1988[J]. 宁夏大学学报，1988，10（S）：31.

⑤ 《宁夏大学五十年》编写组. 宁夏大学五十年（1958—2008）[M]. 银川：宁夏人民出版社，2008：56.

2.宁夏大学医学系图书室

1962年12月20日，据统计，宁夏大学医学系共有医学书刊22 890册。

1963年6月7日，学校通知正式启用"宁夏大学医学系图书室"印章[1]。

1965年8月23日，医学系图书馆（室）历年经费开支如下[2]：

表1-1　医学系图书馆（室）历年经费开支情况

年份	金额（元）
1958 年 10—12 月	17 000
1959 年 1—12 月	20 952
1960 年 1—12 月	16 753
1961 年 1—12 月	6 394
1962 年 1—12 月	13 009
1963 年 1—12 月	14 400
1964 年 1—12 月	20 400

（二）图书采购

图书馆制定了《采购工作细则》，确定了"以预定为主，选购为辅""品种多、复本少"的原则，确定各类图书的经费使用比例和复本幅度。在每次确定订书目录前，都广泛征求有关小组的意见，参考其意见，确定采购册数，使采购的图书与教学要求相吻合。除在银川采购外，还在北京、上海、南京、广州、桂林、太原等地采购图书。采购工作还加强了与各系的联系。

（三）流通阅览

1962年1月27日，两院（师范学院、农学院）联合召开1961—1962年第一学期结业典礼。两院图书馆在本学期共增购新书2 542册，共借阅图书17 769册，还开设了教师备课阅览室，师院还清理了积压多年的118 602册图书，提供给教

---

① 李树江.宁夏大学史事编年：1958—1988[J].宁夏大学学报，1988，10（S）：55.

② 李树江.宁夏大学史事编年：1958—1988[J].宁夏大学学报，1988，10（S）：86.

学使用[①]。

图书馆提出"管书还管人，注意读者的思想动态"的要求，对流通图书实行登记。把学习宣传毛泽东思想、革命斗争回忆录、红色文艺作品和反映亚非拉人民革命斗争作品的宣传推荐工作放在重要位置。经常召开读者座谈会，了解情况，听取意见，改进工作。

这一时期图书馆在艰苦条件下为全校师生的教学、科研和学习服务。积极开展红色图书的宣传工作，编印《纪念七一，大学毛主席著作》和《学习解放军》等报纸资料索引。在寒假、暑假编印《假期推荐书目》，为下场（实验农场）下厂（机械修配厂和化工厂）半工半读和参加劳动的师生送书上门。图书馆以良好的服务，有力地保证和推动了学校教学、科研工作的开展。

（四）规章制度

1. 图书馆规章制度

原宁夏师范学院、原宁夏农学院两院图书馆已有各自的规章制度，自1962年合并后，图书馆规章制度需要统一和完善。1963年11月，图书馆先后制定了《全校图书统一采购工作细则（试行）》（《细则》附有《各类图书经费分配比例表》和《中外文各类图书复本表》）《宁夏大学图书馆"内部资料"借阅暂行办法》《宁夏大学图书馆馆际互借暂行办法》《宁夏大学教职工进入图书馆书库规则》[②]。

2. 系资料室规章制度

1963年12月26日，在耿炳光副教务长主持下，草拟的《系资料室工作试行办法（草案）》发各系各单位进行认真讨论。要求资料室密切联系教师，积累有关资料，进行资料的加工工作，准确地做好定题服务。资料室和图书馆双方要密切合作，全校图书经费统一由图书馆掌握等。具体内容见第七章第一节。

（五）党务工作

1962年1月17日，校党委办公会议决定，行政第二支部由包括图书馆在内的

---

① 李树江. 宁夏大学史事编年：1958—1988[J]. 宁夏大学学报，1988，10（S）：23.
② 李树江. 宁夏大学史事编年：1958—1988[J]. 宁夏大学学报，1988，10（S）：64.

8个单位组成，有党员26人 [①]。

1963年3月31日，校党委研究决定对各支部进行调整划分，行政支部由包括图书馆在内的6个单位组成，有党员24名 [②]。

（六）获得的荣誉

1964年1月31日，学校召开表彰先进集体和先进工作者大会，图书馆采编组被评为"先进集体"（《图书馆采编组的先进事迹》见本章附录一），叶华清被评为"先进工作者" [③]。

第三节　宁夏大学图书馆的调整（1970—1979）

1970年，在调查研究和教育革命实践的基础上，学校革命委员会向自治区提出了宁夏大学办学体制改革方案。当年1月，经自治区革委会批准，农学、畜牧两系迁往永宁县王太堡，与自治区永宁农校合并，成立宁夏大学第一分校。原医学系从宁夏大学分出，与自治区医院合并成立宁夏医学院 [④]。

一、宁夏农学院图书馆重建（1972—1979）

根据教育革命实践和自治区农业生产发展的需要，宁夏大学第一分校师生一致要求恢复宁夏农学院。1971年，经国家农林部、国家计委研究讨论，确定在宁夏增设一所农学院。

1972年5月，宁夏农学院图书馆重建。接受永宁农校、银川机械化学校的图书以及宁夏大学分拨的图书，共计8万余册。有临时馆舍400平方米，工作人员5

---

① 李树江. 宁夏大学史事编年：1958—1988[J]. 宁夏大学学报，1988，10（S）：21.
② 李树江. 宁夏大学史事编年：1958—1988[J]. 宁夏大学学报，1988，10（S）：53.
③ 李树江. 宁夏大学史事编年：1958—1988[J]. 宁夏大学学报，1988，10（S）：69.
④《宁夏大学五十年》编写组. 宁夏大学五十年（1958—2008）[M]. 银川：宁夏人民出版社，2008：74.

名，隶属教务处领导，馆址位于永宁县王太堡[①]。

图书馆重建后的几年中，每年购进新书8 000~10 000册。到1978年底，学院共有图书11万册，其中，外文图书0.8万册。在情报资料方面，图书馆与200多个兄弟院、所、馆建立情报资料交流联系。各系均设有资料室，但当时还仅限于一般的资料管理工作，学院尚未设立科技情报机构，也未配备专人从事相关研究工作。

1978年3月，宁夏农学院图书馆升格为系处建制，直属院长领导。有工作人员16名。馆内设采编、流通和期刊阅览组[②]。

这一时期图书馆负责人或馆长有：徐友褆（负责人）、李德祥（馆长）、王永堂（馆长）。

二、宁夏大学图书馆的发展（1970—1979）

从1966年至1971年，学校没有招生。1971年是发生转折的一年，中央开始酝酿高等院校恢复招生的方案。1972年2月27日，自治区革委会发出《关于高等院校和中等专业学校招生的通知》，决定从当年春季开始招收新生，宁夏3所高等院校共招新生440名。其中，宁夏大学招生320名，学制暂定为3年[③]。

（一）机构设置

1971年2月17日，经校党委研究决定，颜兴源任图书馆负责人[④]。

1973年1月2日，经校党委研究决定，赵世敏、王野坪任图书馆副馆长[⑤]。

1978年6月5日，校党委就校、系机构设置提出报告：宁夏大学自1969年党

---

① 西北五省（区）高等学校图书馆工作委员会协作组.西北地区高等学校图书馆的历史与现状 [M].西安：西北工业大学出版社，1989：47.

② 西北五省（区）高等学校图书馆工作委员会协作组.西北地区高等学校图书馆的历史与现状 [M].西安：西北工业大学出版社，1989：56.

③《宁夏大学五十年》编写组.宁夏大学五十年（1958—2008）[M].银川：宁夏人民出版社，2008：79.

④ 李树江.宁夏大学史事编年：1958—1988[J].宁夏大学学报，1988，10（S）：101.

⑤ 李树江.宁夏大学史事编年：1958—1988[J].宁夏大学学报，1988，10（S）：106.

委成立以来，机构前后几次变动，至今一直没有正式确定。根据中央关于学校建立党委领导下的校长分工负责制的要求，拟将校党委和校行政办事机构分开设置。校行政机构设校长办公室、人事处、教务处、总务处和图书馆[①]。

（二）馆藏

1976年，图书馆藏书16万余册[②]。

据1979年11月统计，校图书馆和有关系资料室共藏有哲学社会科学类图书18万册[③]。

（三）业务工作

1. 图书分类

1975年1月，图书馆采用《中国图书馆图书分类法》（简称《中图法》）类分图书，替代以前使用的《人大法》，与国内大多数图书馆保持一致，图书分编水平逐年提高。

2. 读者服务

1971年5月，图书馆恢复阅览服务，开辟了报刊和理科专业图书阅览室[④]。

1979年9月，图书馆基藏书库允许全校教师入库选书[⑤]。

3. 职称恢复

宁夏大学在1978年6月就恢复和提升教师职务发出通知。1978年12月30日，校党委发出通知为王业和、廖士连恢复助理研究员职称（原讲师改定为助理研究员）[⑥]。职称评定工作的恢复，有力地调动了教师工作的积极性，推动了教师队伍建设和教学科研水平的提高。

① 李树江. 宁夏大学史事编年：1958—1988[J]. 宁夏大学学报，1988，10（S）：123.
② 李树江. 宁夏大学史事编年：1958—1988[J]. 宁夏大学学报，1988，10（S）：325.
③ 李树江. 宁夏大学史事编年：1958—1988[J]. 宁夏大学学报，1988，10（S）：134.
④ 西北五省（区）高等学校图书馆工作委员会协作组. 西北地区高等学校图书馆的历史与现状 [M]. 西安：西北工业大学出版社，1989：45.
⑤ 西北五省（区）高等学校图书馆工作委员会协作组. 西北地区高等学校图书馆的历史与现状 [M]. 西安：西北工业大学出版社，1989：67.
⑥ 李树江. 宁夏大学史事编年：1958—1988[J]. 宁夏大学学报，1988，10（S）：127.

（四）规章制度

图书馆不断完善规章制度，1977年9月5日制定的《丢失、损坏图书赔偿办法》规定，中外文书刊资料一般均按原价加倍赔偿，凡丢失珍本图书者，令其按原价加三倍赔偿[①]。

（五）宁夏图书馆学会

1979年6月，根据中国图书馆学会筹委会要求，经自治区党委批准，宁夏图书馆学会成立，宁夏大学图书馆王业和当选为学会副理事长。

（六）党务工作

1976年9月7日，校党委决定，图书馆直属学校领导，正式成立党支部和革命领导小组。图书馆党支部由赵有成、刘长河、孙占科三人组成，赵有成任书记；图书馆革命领导小组由赵有成、刘长河、孙占科三人组成，赵有成任组长，刘长河任副组长[②]。

1976年12月27日，校党委决定，傅新海任图书馆革命领导小组成员[③]。

---

① 李树江 . 宁夏大学史事编年：1958—1988[J]. 宁夏大学学报，1988，10（S）：119.
② 李树江 . 宁夏大学史事编年：1958—1988[J]. 宁夏大学学报，1988，10（S）：116.
③ 李树江 . 宁夏大学史事编年：1958—1988[J]. 宁夏大学学报，1988，10（S）：117.

附录一

图书馆采编组的先进事迹（1964年1月25日）（摘录）

一、贯彻勤俭办学的方针。采取勤俭工作的方法，编目组为了排书名目录卡而缺少导片，大家利用废卡片制作5 800余张导片，按每张三分钱计算，共需支出174元，用这笔款可以买到100多本图书。

二、以教学为中心为教学服务。如买到新书以后，不论多忙哪怕开夜车也都尽快编目上架提供流通，让新书及时与读者见面。每次订书都要征求相关意见，并为教师个人代订图书。同时扩大了采购面，与北京、上海、广州、重庆、桂林、南京等地书店挂上了钩。1963年从外埠订购图书1 143种，占图书经费的61%，提高了订书质量。

三、工作干劲大，提高了工作效率。在人力减少的情况下，比过去还多做了工作。原师农两院图书馆在1963年合并前，编目组有8个人，经过精简留下4个人。在1963年一年中，就把以前积压下来的3 810本中文书全部编完，又把以前积压的7 000多册外文书，编出2 988本，提供流通。并整理出内部资料2 886册，分好类，制出目录卡片。此外，馆藏外文期刊历年积压，1963年年底由教师帮助全部清理出来，1 573本合订本送文具厂装订。而这些工作的完成并没有影响日常采购、编目工作的进行。如1963年所购中外文图书3 760册，仍能边到边编，及时与读者见面，没有积压。编目组人员虽然减少，但工作效率较前大有提高。合并前，1962年第二学期师院图书馆所编入库图书2 490册，平均每日编出16册，合并后在1963年一年中，提供流通的新旧书共计14 444册，平均每日能编出56本，工作效率提高了两倍多。

四、大家都能出主意、想办法，通力合作，积极改进工作。编目组对领导布置下来的工作，都要经过全组充分讨论，按个人所长，分工负责，调动每个人的积极性，按计划完成任务。

附录二

宁夏大学图书馆1962—1963年度第二学期工作总结（摘录）

图书馆在校党政领导的关怀与指导下，本着勤俭办学，为教学和科研服务的方针，进一步调动了干部的积极性，使工作有所改进，主要表现在以下几个方面。

一、加强了采购工作，充实了馆藏图书报刊

本学期图书经费有所增加，由每季度2 500元增至5 000元。在此经济条件下，购入中外文图书2 475册，比上学期增长了19.3%，并在保证教学用书的前提下，运用部分经费重点地补购了缺期的中文期刊19种，《人民日报》《光明日报》《中国青年报》《文汇报》等报纸4种，使其配套成龙，为教学和科研提供完整资料。为了提高采购工作的质量，密切与各系资料员联系，互通声气，以了解教学和科研的需要，同时扩大了采购面，除本地书店外，向外埠书店订购了图书97册，较上学期增长了50%。

二、建立了工作制度，改善了图书的分编与管理工作

制定了《图书馆工作暂行细则》《图书注销办法》《期刊、报纸阅览室规则》等，使采购、分编以及流通阅览各个环节密切联系起来，互相推动，从而堵塞了漏洞，划清了职责，加强了工作人员的责任心，防止了工作的积压。

本学期以来，凡购入的中外文新书都及时地分编入库，并为系资料室分编图书714册。此外整理和分编了积存中文图书2 325册，外文图书2 925册，装订了报纸260本，期刊316本。同时将原师农两院分别收藏的外文图书和外文期刊加以整理，并集中到一个书库内，为今后图书的管理和流通，提供了便利条件。

三、在流通阅览工作方面

从提高图书利用率和便利读者出发，重新修订了《图书借阅办法》《内部

资料借阅暂行办法》。将副本较多的中外文专业性期刊以及工具书下放到系资料室，供教师随时阅览。由于宁夏大学成立不久，馆藏图书尚不能满足教学和科研需要，我馆与北京、上海、南京、东北、西北等地24个兄弟院校联系，建立了14处"馆际互借关系"，负责为教师借阅我们未收藏的专业书籍。此外，我们坚持了借阅制度，按期催还借书，加速了图书的流通。

本学期以来，我馆工作人员经过调整，由开学时的十个人减为目前六个人（馆长在外），但工作数量和质量都比上一学期提高了。我们虽做了以上工作，但仍然存在一些问题和缺点，有待于进一步解决和改善。

一、高等学校图书馆要能满足教学和科研的需要，在很大程度上取决于藏书的质量。因此，采购工作必须经常主动深入地了解教学和科研的需要，有计划、有重点地逐步建立与本校教学和科研任务相适应的藏书体系。目前我馆采购工作与本校教学和科研的动态还不能一脉相通，对出版界的发行情况，书店的供应能力还不太熟悉，这就难以达到上述要求，应加倍努力，继续提高工作质量。

二、我馆成立不久，干部缺乏经验，业务水平不高，加上馆舍、设备不足，全部精力只能放在当前图书管理、流通工作上，并无余力开展"馆藏图书"书本目录，"专题图书"目录、索引的编制，资料的搜集、整理以及新书的推荐或报道等工作。

三、大学图书馆工作是社会主义文化、教育事业的一个重要部分。目前我馆干部经过调整，较前有一定的工作热情，团结性较好。但还没有充分发挥每个人的主观能动性和创造性，今后仍须加强政治思想教育，开展批评和自我批评，使之热爱图书馆事业，树立终身为图书馆事业服务的思想，不断提高工作质量和工作效率。

附录三

农学院图书馆1962年第二学期工作总结（全文）

自我院与师范学院合并后，农学院图书馆成为宁夏大学图书馆之一部分，而在具体工作上，两院图书馆尚未合并办公。农学院图书馆原系4人工作，按照采购、分类编目和出纳三个方面分工负责，大家工作的热情高，能团结一致，在工作繁忙时，就互相支援，按计划完成一定的任务。但本学期以来，我馆人事调动较多，加上因事、因病请假，所以实际工作量应按3人计算。

本学期以来，农学院图书馆购置了中外文图书736册，中文杂志74种，英文杂志1种（今年俄文杂志和中文报纸及杂志已于去年年底订定），共支出人民币约1 887元。这些图书按照农学院的特点，即以农、林、牧三专业为重点来采购的。就分类看，农、林、牧三科专业图书占总数的70%，基础课程和文艺方面图书占30%。如从中文和外文来看，前者比重大，为总数的60%，后者比重小，约占40%。

上述图书购进以后，及时地进行了登记、分类、编目加工、入库上架，并投入了流通的长河之中。此外，我们把全部报纸、杂志清理了一遍，其中零散部分，亲自动手，装订成册，计有746本杂志，68本报纸，又将1 075本杂志进行了登记、分类、编目和排架，以便于保存和借阅。

在出纳方面，我们过去实行的借书办法，手续比较繁琐，于是吸取了师范学院图书馆的经验，改进了制度，从而减少了出纳时间，减少了人力投入。根据出纳的统计，本学期农师两院教工借书共8 291册，学生借书共6 524册，两项共计14 815册。其中农艺科学类图书为1 718册，农林科学728册，畜牧科学165册；中外文杂志约1 087册，外文图书165册。从以上统计数字可以看出宁夏大学教师对科研工作有了重视。和去年比较，学生借阅课外参考书的人数增加，他们逐渐养成读书风气。至于外文图书的利用率也较前增大，只是教师和学生的外文水平还不高，借阅人数尚属少数。本学期内曾催还借书二次，对于加速图书的流通，提高它的利用率起到一定的作用。

回顾一下我们本学期的工作，还存在着一些问题和缺点，我们终日忙碌于具体工作，钻研和讨论业务的时间少，潜力发挥不足，工作效率还不太高。在我院迁来新市区后，距城市较远，未能经常去书店采购新书，同时，和系里联系少，对教学上所需要的资料情况，了解不够，加上图书经费的缩减，不能多购复本，因此采购工作不及时，数量上还不能满足教学上的需要，迄今为止，我院图书的登记工作中外文部分的号码，过去和现在还没有统一。所有中外文图书仅有一套分类编目卡片，这给借阅者带来了不便。今后计划，拟添制卡片四套，将外文书籍清理一次，重新登记，分类排架，现期报纸（本年第三季度）订成合订本。并计划利用一定时间钻研业务，以提高工作能力，更好地为教学服务。

1962年7月30日

附录四

宁夏大学图书馆1965年上半年工作总结（摘录）

一、工作总结

（一）努力做好为教学服务的工作。这半年来，我们开始作了一些调查研究工作，开学前主动了解教学需要，平时也注意了读者需求。这样就加强了我们采购、流通、阅览工作的目的性。截至6月底，上半年共采购了新书2151册，第一季度购时政类图书占9.5%，专业书占81.3%，其他图书占9.2%；第二季度购时政类图书占14.49%，专业书占74.4%，其他图书占11.11%。在流通方面，为了保证书库安全，防止混乱，我们经校领导批准，对教师改为闭架借书。因为闭架，一些教师必然会感到不方便，因此在一开始就增加了出纳员，加长了借书时间，尽量改进服务工作，凡是教学需要，就尽力帮助查号找书，满足需要，直至送书上门。为了配合半工半读，我们下场（实验农场）下厂（机械修配厂和化工厂），为半工半读和参加劳动的师生送书9次，累计590册，初步地改变了坐等借书的被动状态。为了尽量给师生备课、学习提供方便，我们扩大和充实了阅览室。过去放在教师阅览室里、学生看不到的剪报资料、过期杂志和许多工具书、教学参考书，现在学生看得到了。还又增加和突出了马列主义、毛泽东著作，把去年的期刊合订本全部陈列进去，开架阅览。

（二）加强了业务管理工作。我们在过去工作的基础上，经过逐本清点，账物核对，反复检查，全部完成了11万册平装中文图书的清库工作，摸清了这一部分家底，并将这些书逐本给流通组作了点交，实行了图书财产的管理责任制。同时也改进了分编工作，加强了采购、编目、流通的相互协作和联系。据不完全统计，今年1—7月，共完成了分编中文新书1984册，分编外文新书561册，打制外刊卡片1055张。同时还经重新检查、改编了中文旧书1647册，从而保证了提供流通利用。

（三）根据校党委"统一图书采购、统一图书财产管理"的决定，我们已经着手接收各系（室）资料室的图书财产，并承担起全校各系（室）资料室用书的采购和编目工作。（目前已接收财产账的有外语组、教育组和数理化组等3个资料室，其余的政治课资料室正在接收，农、牧尚未进行。）

二、工作体会

（一）抓住主要矛盾，树立为人民服务的思想

这半年，我们围绕为人民服务这个中心问题，结合具体思想，反复学习了《为人民服务》这篇文章，并学习了廖初江、丰福生、孙乐义等先进标兵学习主席著作的经验介绍，查根源，找差距，初步解决了一些思想问题，所以在工作上取得了一些新的改进。

如流通组的同志，以前总认为作流通工作，是"侍候人，低人一等，没有出息"，因而工作不够安心，给读者拿书时多跑几次就觉得不耐烦，在工作中提到改进时，也多是先从自己的方便出发，很少为读者着想，所以读者意见也就较多。他们带着这些问题，去学了主席著作，用解放军孙乐义那种学习《为人民服务》的精神来对照自己，找出差距，认识到工作做得不好主要是缺乏"完全彻底"的为人民服务的精神。

过去专门为教师开设了一个阅览室，教师很少人去，冷冷清清，而学生想看又不能进去，许多资料作用起得不大，还占用了一个工作人员；学生阅览室由于没有专人去管，就只能放点报纸和几本现期杂志，谈不上是什么学习园地。以后我们把这两个阅览室合并起来，既充实了内容，又加强了管理，教师学生都能入内阅览，使它能发挥更大作用，受到大家的欢迎。

编目组的任务重、头绪多，工作要求细致，不能有一点疏忽大意。这个组的同志在学习了《为人民服务》以后，更加埋头实干，经常加班加点。为了把工作搞彻底，主动检查并寻找过去分类编目中的问题，积极进行修改纠正。

（二）改进思想方法，从被动中争取主动

一切工作的收获，首先来源于认识的正确和思想的进步。没有为人民服务的

思想，就做不好工作，没有正确的辩证唯物主义的思想方法，也不会把工作做好。

从前，由于我们不注重对红色图书的宣传介绍，使不少具有革命教育意义的好书被长期搁置在书库中，很少有人借阅。如解放军文艺社为配合《毛泽东选集》第四卷出版，而编辑出版的《毛主席在重庆》等一套革命斗争回忆录，因为不被人知道，借阅的人数就少。但经我们拿出来重新宣传以后，就成了供不应求的读物。

事实说明，只要我们既端正服务态度，又注意改进思想方法和工作方法，努力发挥主观能动作用，是完全可以由被动转到主动的。事实也一再告诉我们要牢牢记住主席的教导："人类总得不断地总结经验，有所发现，有所发明，有所创造，有所前进。停止的论点，悲观的论点，无所作为和骄傲自满的论点，都是错误的。"

1965年8月19日

第二章

发展时期（1980—2001）

"文化大革命"结束后，以党的十一届三中全会召开为标志，我国进入改革开放新时期，宁夏高校也步入了改革开放的大潮。随着高校工作走上正轨，图书馆工作受到充分重视并得到快速发展。

1980年8月，宁夏大学图书馆新馆竣工。1982年10月，宁夏农学院图书馆新馆建成。1979年10月，宁夏教育学院图书馆成立。1983年5月，银川高等师范专科学校图书馆成立。1983年10月，宁夏工学院图书馆成立。1989年5月，宁夏教育学院图书馆与银川高等师范专科学校图书馆合并。1997年12月，经教育部批复同意，宁夏大学、宁夏工学院、银川高等师范专科学校（含宁夏教育学院）合并办学，随着四校合并，其图书馆合并成立了新的宁夏大学图书馆。

本章记录了宁夏高校图书馆的发展壮大以及从独自办馆走向合并融合新时期。

第一节　宁夏大学图书馆（1980—1996）

1982年4月6日，学校党委提出1982年工作要点：图书馆工作要贯彻《全国高等学校图书馆工作会议》精神，执行《中华人民共和国高等学校图书馆工作条例》，把宁夏大学图书馆工作搞得更好 [1]。

这一时期担任图书馆长或主持图书馆工作的领导有：王业和、傅新海（主持工作）、张先畴（主持工作）、王艳常。副馆长有：王艳常、杨勤、张向东、刘玉梅。

一、馆舍及组织机构

（一）图书馆新馆

宁夏大学图书馆新馆于1980年8月底竣工，经过两个多月的筹备及搬迁、整

---

① 李树江. 宁夏大学史事编年：1958—1988[J]. 宁夏大学学报，1988，10（S）：160.

理工作后，正式
对本校师生开
放。宁夏大学成
立于1958年，一
直没有专用的图
书馆建筑。十年
"文革"中，图
书馆的建筑更是
无人问津。1975
年，新图书馆楼
刚打好基础，又

图 2-1　宁夏大学成立以来第一座独立、专用的图书馆
（1980 年建成）

因种种原因而停建。直到1980年春，在自治区有关领导、部门和学校党委的关
怀支持下，建馆工程才重新上马。

　　新馆建筑面积3 260平方米（图2-1、图2-2）。前部为二层，有四个大阅览室、
办公室和其他业务部门。书库和借阅处在后部。在三层书库里，全部使用金属结
构书架，书库设计藏书量为50万册（图2-3～图2-9）。

　　迁至新馆后，全国人大常委会副委员长班禅额尔德尼·确吉坚赞（1984年）、
全国人大常委会副委员长雷洁琼（1988年）先后视察图书馆，充分体现了党和

图 2-2　图书馆正门

图 2-3　阅览室一角

图 2-4　书库一角

图 2-5　借书处

图 2-6　过刊阅览室

图 2-7　专业图书阅览室

图 2-8　现刊阅览室

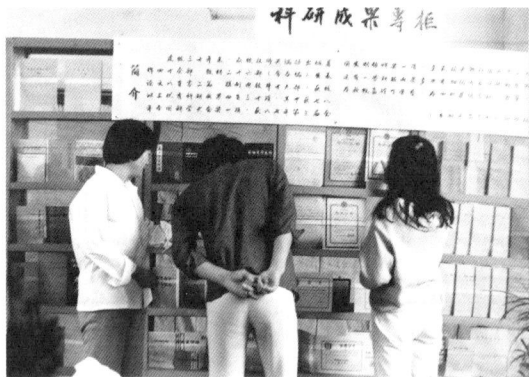

图 2-9　宁夏大学"科研成果专柜"

国家对西北地区高等教育的关心和支持。其他参观图书馆的领导和专家有：中共中央书记处书记、中宣部部长邓力群（1983年），自治区政府主席黑伯理（1983年），国家教委副主任柳斌（1986年），日本岛根大学田中莹一教授（1992年），著名生物学家、美籍华人牛满江（1993年，图2-10）等。

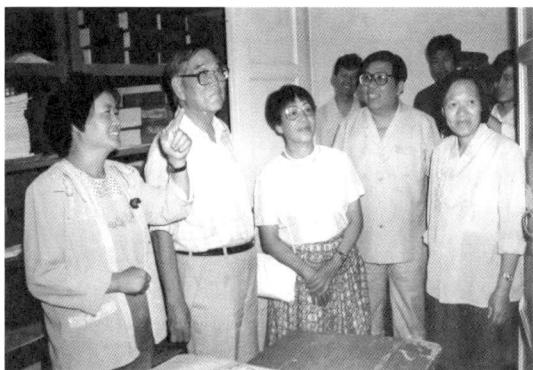

图2-10 当代著名生物学家、美籍华人牛满江教授及夫人参观图书馆（1993年）
左起：刘玉梅（副馆长）、牛满江教授及夫人张葆英女士、张奎（校长）、王艳常（馆长）

（二）组织机构

1981年6月29日，学校任命图书馆各部负责人。

刘之樾任采编部主任、王艳常任采编部副主任、陈文圭任采编部副主任、王黛如任期刊部副主任、周佩英任流通部副主任。

1984年5月10日，学校任命图书馆各部正、副主任。

赵霞任期刊部主任、张向东任情报资料部主任、宋兴汉任流通阅览部主任、王艳常任采编部主任、刘玉梅任采编部副主任。

1984年11月13日，学校任命，马力任情报资料部副主任、高虹任流通阅览部副主任、赵光任期刊部副主任。

新馆建成、图书馆领导任命以及科级干部配备，为这一时期图书馆的快速发展奠定基础。

1979年党的十一届三中全会提出把工作重点转移到社会主义现代化建设上，全国各条战线都在满怀激情地积极响应党的号召，为四化建设贡献力量。宁夏大学图书馆如何适应这一新形势的要求，做好工作重点的转移？王业和馆长（任期1980年7月—1983年12月）在其先前发表的文章《谈谈我校图书馆的工作重点转移问题》[①]，对宁夏大学图书馆的发展做了深入的思考和解答。文章主要观点阐述如下。

首先，实现工作重点转移，必须解放思想，把人们的思想转移到现代化上来。要提高对图书馆工作在大学教育和四化建设中重要作用的认识；从政策、人力、物力、财力等方面给予图书馆充分的支持；要消除图书馆一些工作人员的自卑感（认为干这种工作没出息，低人一等）。其次，实现工作重点转移，必须根据大学图书馆的性质和特点，明确工作任务和服务对象。教学和科研是大学教育的两个方面，不能偏重某一面，忽视另一面；走出以前宁夏大学图书馆"为教学服务就是为教师服务""为教师服务也就是为学生服务"的片面观点，大学图书馆应以教师和学生为服务工作的主要对象。这是工作重点转移必须解决好的另一前提。再次，实现工作重点转移，要求大学图书馆本身实现现代化。必须建设一支既红又专的图书馆现代化人才队伍。图书馆的研究原是一项不可少的本职工作，大学图书馆尤有必要。要改变馆员忙于日常业务工作而忽视图书馆学的研究。服务与研究是相互联系的两个方面。研究的对象来源于服务工作的实践，服务工作又不断为研究工作提供现实课题，研究取得的成果再运用到服务工作中去，如此循环往复，就可以不断提高工作人员的业务水平和工作能力。要逐步实现工作程序和服务手段的现代化。在电子计算机尚不能在国内各图书馆普遍采用时，可尽快利用已有的科学技术成就，如录音机、缩微照相、复制机、阅读器等，逐步达到工作程序和服务手段的现代化。

图2-11　王业和馆长

王业和（图2-11），1912年2月生，北京市人。1938年毕业于北京大学，1962年起从事图书情报工作。宁夏大学图书馆研究馆员。

---

① 王业和.谈谈我校图书馆的工作重点转移问题 [J].宁夏图书馆通讯，1979（1）：10.

1980—1983年任宁夏大学图书馆馆长，1979—1984年任宁夏图书馆学会副理事长，1981—1984年任全国高等学校图书馆工作委员会委员，1982—1984年任宁夏高校图书馆工作委员会副主任。

二、文献资源建设

（一）书刊资料建设

书刊资料建设原则：根据学校的教学科研任务，遵循保证重点、兼顾一般的要求，注意文献的连续性和完整性。既要满足目前的需要，又要考虑将来的发展。在采购图书时，要严格执行本馆制定的各类图书复本量标准，尽量增加图书的品种，使有限的经费尽可能发挥应有的效益。

为了适应教学、科研工作的需要，图书馆积极外出扩大书刊采购渠道，如主动登门采访，扩大书源，丰富馆藏。工作人员多次参加全国各地举办的大型书展、书市，到北京、上海、广州、大连等地采购图书，及时了解图书动态，加强信息反馈。与全国80多个院校和科研单位开展书刊资料寄赠交流，扩大书刊资料来源，促进书刊采购和交换来源。

1. 增加购书经费

"文革"后图书馆图书极度缺乏，远不能满足教师的教学科研需要。吴家麟担任校长（任期1983年11月—1989年5月）后，校领导研究决定改变图书经费的规定，图书经费占学校总经费的比例由2.5%提高到7.5%（全校每年只有两三千万元经费），逐步缓解了图书资料匮乏的状况[1]。

2. 学校拨专款购置图书

1984年学校增拨专款7万元购进一套《文渊阁影印本四库全书》（48箱722册），丰富了图书馆藏书[2]。

---

[1] 郎伟. 贺兰山下种树人：宁夏大学口述实录. 第二辑 [M]. 银川：阳光出版社，2021：87.

[2] 楼广晖. 宁夏大学图书馆在改革中前进 [J]. 宁夏图书馆通讯，1985（1）：封三.

3. 接受赠书和赠款

（1）影印本摛藻堂《四库全书荟要》赠书

1994年8月，台湾佛陀教育基金会董事长净空法师向宁夏大学捐赠影印本摛藻堂《四库全书荟要》及《中华大藏经》。《四库全书荟要》约30部，共500册，价值人民币20多万元（详见第五章第一节）。

（2）教育部"文科专款"项目赠书

高校文科图书引进专款（简称"文科专款"）项目启动于1982年，国家每年划拨专款用于购买国外以及我国香港、澳门、台湾出版的人文社会科学图书，以改变国外文科图书资料匮乏的状况，适应培养高水平人才的需要，长期以来一直是我国高等院校图书馆人文社会科学外文文献资源建设极其重要的经费来源。"文科专款"项目启动后的受益院校高达142所，1994年受益院校调整为68所，宁夏大学一直是受益高校之一，部分"文科专款"赠书见图2-12。

图2-12　"文科专款"项目赠书

（3）亚洲基金会赠书

亚洲基金会（简称亚基会）成立于1954年，总部在美国的旧金山，是一个非营利国际发展机构，向亚洲各国赠书是其一项重要的日常活动。国家教委于1986年10月决定统一接受亚基会赠书，宁夏大学图书馆是接受亚基会赠书的高校图书馆之一，部分赠书见图2-13。

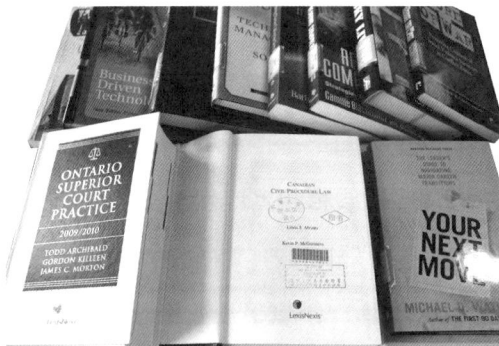

图2-13　亚洲基金会赠书

（4）其他赠书和赠款

图书馆接受中国人民大学图书馆赠书3 000余册（1983年1月）（图2-14）、日本政府赠送英文原版图书161册（1983年12月）[②]、陕西师范大学图书馆赠书4 107册（1984年11月）[③]等。

图 2-14　中国人民大学图书馆赠书（1983 年）

1983年12月，宁夏文教办公室拨给宁夏大学图书馆1万美元外汇，用于购买外文原版图书。

（二）书刊清库工作

图书馆在1980年迁入新馆后，对书刊进行清理整顿工作。

1982年9月，图书馆整顿图书外借工作，全面清理外借图书。催还图书1万余册，其中1 000余册图书借期长达20余年[④]。

1983年暑假清库工作。自1964年以来，图书馆对图书一直未进行过认真清理，书、账、目录都比较紊乱，不少图书内容陈旧，复本过多，造成书库饱和，藏书质量亦不高，给管理工作带来很大困难。1983年图书馆利用暑假开展清库工作，清库工作要求书、账、目录相符，经过40多天的苦干，对馆藏25万册中文普通图书和3万册外文图书以及历年来所收藏的中外文期刊、报纸合订本进行了较为彻底的清查，剔除了部分不适用的旧书[⑤]。

① 西北五省（区）高等学校图书馆工作委员会协作组.西北地区高等学校图书馆的历史与现状 [M].西安：西北工业大学出版社，1989：119.
② 西北五省（区）高等学校图书馆工作委员会协作组.西北地区高等学校图书馆的历史与现状 [M].西安：西北工业大学出版社，1989：139.
③ 西北五省（区）高等学校图书馆工作委员会协作组.西北地区高等学校图书馆的历史与现状 [M].西安：西北工业大学出版社，1989：172.
④ 西北五省（区）高等学校图书馆工作委员会协作组.西北地区高等学校图书馆的历史与现状 [M].西安：西北工业大学出版社，1989：108.
⑤ 图书馆通讯组.我校图书馆清库工作基本结束 [N].宁夏大学报，1983-09-30（2）.

（三）书刊统计

表 2-1　1980—1987 年馆藏书刊统计表 [1]

年度	藏书册数（万册）
1980 年	29.1
1983 年	37.1
1985 年	35
1986 年	47
1987 年	49.7

　　1993年，宁夏大学有在校生3 400余人，全校有教职工1 100余人，校图书馆藏书74万册，学校建有20个资料室 [2]。

　　1997年合校时，图书馆藏书80万册，涉及除了医、农、生物的各个学科 [3]。

三、读者服务

（一）读者目录

1. 卡片式分类目录

　　由于1975年以前入藏的图书采用《人大法》分类，1975年以后入藏的中文图书及全部外文图书采用《中国图书馆图书分类法》（以下简称《中图法》）分类，为避免漏检，图书馆提供两种分类目录，即《人大法》分类目录和《中图法》分类目录。

---

① 李树江.宁夏大学史事编年：1958—1988[J].宁夏大学学报，10（S）：325.

② 佚名.前进中的宁夏大学图书馆[N].宁夏大学报，1993-09-20（1）.

③《宁夏大学五十年》编写组.宁夏大学五十年：1958—2008[M].银川：宁夏人民出版社，2008：168.

2. 卡片式书名目录

按社会科学和自然科学两大类分开。由于采用《人大法》和《中图法》两种分类方法，书名目录有《人大法》社科类书名目录、《人大法》自然科学类书名目录、《中图法》社科类书名目录、《中图法》自然科学类书名目录。

（二）图书管理

1981年4月，图书馆增设学生参考书阅览室，以缓解外借处教学参考书供不应求的矛盾。

新馆开放后，图书馆从调查研究入手，从方便读者出发，调整书库并改进借阅办法。出纳台从一处增加为三处，书库由原来的一个大库分为社会科学、数理工科和语言文学三个库，增设底本书库，对教师和研究生实行对口开架进库选书[①]。

1982年3月，图书馆对重点图书采用双轨制借阅办法，并对这部分图书实行逾期罚款制度；1984年4月，对文、理现刊阅览室试行承包责任制，周开放时间延长至74小时；1984年10月，图书外借处改为两班制，每日借书时间达12小时，每周借书时间较原来增加27小时；1990年8月，图书馆购置1套JX-4型图书监测系统用于基本图书阅览室的管理，首批陈列的1万多册图书对学生实行开架借阅。

为了更好地为教学和科研服务，学校对图书馆业务机构进行调整和充实。到1982年，图书馆由采编、流通阅览、期刊、情报资料4个部门组成，分别负责图书的采购、分类、加工整理、保管流通，期刊与报纸的订购、借阅，各种资料的收集整理及与各兄弟院校和有关单位的资料交换等工作。馆内设有文科现刊、理科现刊、报纸、教师、学生参考书等阅览室，最多可同时容纳500位读者。

---

① 周佩英. 宁夏大学图书馆改进借阅办法深受读者欢迎 [J]. 宁夏图书馆通讯，1980（1）：16.

阅览室分布如下^①：

表 2-2 各阅览室收藏书刊情况表

阅览室	收藏内容
文科现刊阅览室（一楼北侧）	文科现刊
理科现刊阅览室（一楼南侧）	理科现刊
教师阅览室（二楼北侧）	大套中外文工具书、独本外文书和港台书等，供教师和研究生阅览
报纸阅览室（二楼北侧）	陈列中央和各省、市的主要报纸三十多种
学生参考书阅览室（二楼南侧）	陈列部分主要教学参考书和中外文工具书

　　1990年3月，图书馆重新调整了馆藏图书布局，充分利用现有馆舍，扩大了书刊开架，增加了阅览座位，赢得了师生的好评。

　　基本书阅览室开架图书由以前3 100余册增加到12 000余册。为适应高校大学生中掀起的学马列热潮，以及开阔学生的知识面，新开辟了特藏书阅览室，室内陈列有：马克思、恩格斯、列宁、斯大林和毛泽东经典著作，大型丛书，丛刊，世界名著，名人传记，外文原版书以及从前只作为馆藏而不外借的珍贵画册等计2 000余种。馆藏期刊以前一直采用闭架管理，现采用开架与闭架结合的借阅办法，开架期刊2 400余种。新开辟的特藏书阅览室内设58个座位，阅览座位比原来净增154个。图书馆采用新布局后，缓解了馆舍紧张的状况，方便了读者查阅，过刊利用率明显上升。从而提高了图书、现刊利用率^②。

　　1990年图书馆对部（室）做了调整和布局，将原期刊部改为阅览部。下设6个阅览室，调整后的藏书布局更加科学、规范^③。

---

① 图书馆资料室.宁大图书馆 [N].宁夏大学报，1982-11-28（3）.
② 易标.挖掘潜力、调整布局、扩大开架——校图书馆以新貌为教学、科研服务 [N].宁夏大学报，1990-03-20（3）.
③ 图书馆资料室.在总结、探索中前进 [N].宁夏大学报，1990-06-25（3）.

表 2-3　1990 年各阅览室收藏报刊图书情况表

阅览室	收藏报刊
第一阅览室（原文科）	开架阅览中文社会科学现期期刊及各省（区、市）报纸
第二阅览室（原理科）	开架阅览中文自然科学及部分历史、地理、语言文学、文化教育类现期期刊及各省（区、市）科技报纸
基本书阅览室	陈列基本藏书的大部分底本，包括教学参考书、常用参考工具书等。还设有新书专架
过刊阅览室	采用开架与闭架结合的办法，对近 3 年的大部分过刊合订本实行开架借阅
特藏书阅览室	主要陈列马克思、恩格斯、列宁、斯大林、毛泽东经典著作，大型丛书，丛刊，整套文集，名人传记，港台外文原版书和大型精美画册等
教师阅览室	为教师、研究生提供中外文期刊。收藏有留底期刊、复印报刊资料、内部发行期刊，以及部分外文及港台原版期刊和古籍线装书目录

（三）创办《读者之友》小报

为了对学校师生的工作、学习有所帮助，引导读者有效利用本馆文献资源并节省师生的宝贵时间，图书馆从1983年4月开始创办《读者之友》小报（试刊3期，正刊28期）。

《读者之友》遵循为全校师生服务的宗旨，每月出版一期。在内容方面，除注意配合学校的思想政治工作外，还设有"阅读辅导专栏"等栏目，对读者利用图书馆、使用工具书和有关文献检索方面的基础知识进行辅导。《读者之友》向读者打开了一扇展示图书馆工作和图书资料利用的窗口，架起了一座读者与图书馆沟通的桥梁。

（四）书展、书评活动

图书馆开展了丰富多彩的书展、书评等文化活动。

1. "五四"书展（1987年）

1987年5月4日，为配合学校开展思想政治教育，图书馆在"五四"期间举办专题书展，开架展出的2 000册图书包括青年修养、时事政治、文学艺术、人物传记等方面，3天书展接待读者达2 000余人。一读者欣然在留言簿上题字："初次书展，受益匪浅；如此书展，多多益善①。"

2.庆祝建党七十周年书展（1991年）

1991年6月24—26日，为庆祝中国共产党成立七十周年，图书馆举办以"中国共产党和科学社会主义"为主题的大型书展②。

3.纪念毛泽东诞辰书展（1993年）

1993年12月，图书馆举办"纪念毛泽东诞辰一百周年专题书展"。书展共分5个部分：毛泽东著作，诗词的各种版本，毛泽东手书，墨迹；毛泽东的生平、传记、回忆录；毛泽东著作学习和研究资料；其他老一辈革命家的传记、研究资料；有关革命伟人的画册。前来参观的读者达800余人，书展受到广大读者的热烈欢迎③。

4.有奖书评（1993年）

1993年6月，图书馆举办有奖书评活动，收到读者书评7篇。邀请中文系陈学兰教授作点评（图2-15）。

5.爱国主义教育专题书展（1994年）

1994年10月11—13日，校团委和图书馆联合举办爱国主义教育专题书展，在图书馆自修室举行。本次书展分灿烂的中国文化、毛泽东生平事迹、当代中国国情、历代爱国志士、马克思主义

图2-15 有奖书评颁奖大会（1993年6月）
左起：王艳常馆长、陈学兰教授、刘玉梅副馆长

① 张强，周鹏起.师生盛赞五四书展 希望书展经常举行[N].宁夏大学报，1987-05-10（2）.
② 姚郁杰.宁夏大学史事编年：1988—1993[J].宁夏大学学报，1993，15（S2）：40.
③ 高虹.图书馆举办纪念毛泽东诞辰一百周年书展[N].宁夏大学报，1994-01-08（4）.

专题研究等五大部分，共1 500余册图书。校党委书记刘金声、副校长刘世俊参观了书展①。

（五）编制索引

图书馆加强资料整理、索引编制工作，编制多种专题索引、专题书目等二次文献，在为读者提供方便的同时，提高了服务水平。

1981年7月，情报资料部编印了中国文学、政治、历史、数学、物理、化学六个分册的教学参考书目。此外，还编制了《馆藏解放前出版社科书目》《宁夏大学图书馆馆藏社科中文工具书目录（1958—1987）》（图2-16）。

情报资料部与历史系合编《1950年以前宁夏地方文献目录索引》，与宁夏大学夜大学合编《行政管理学研究资料索引》。

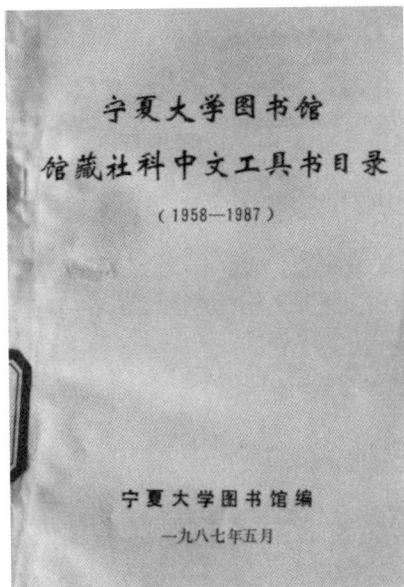

图2-16 《宁夏大学图书馆馆藏社科中文工具书目录（1958—1987）》

马力、杨勤分别编制的《宁夏地方史资料索引》《行政学专业书目》获中国图书馆学会书目成果奖。

（六）文献检索与利用课教学

1984年2月22日，教育部印发了"《关于在高等学校开设〈文献检索与利用〉课的意见》的通知"，指出"在高校开设文献检索与利用课程很有必要，要求各高等学校（包括社会科学和理工农医各专业学校）应当积极创造条件，开设文献检索与利用课。有条件的学校可作为必修课，不具备条件的学校可作为选修课或先开设专题讲座，然后逐步发展、完善"。从1984年开始，图书馆逐步在中文、政史、化学、物理、数学、外语、经济等专业开设了文献检索与利用课（简

① 蒋文龄.我校举办爱国主义教育专题书展 [N].宁夏大学报，1994-11-12（1）.

图 2-17　马力讲授文检课（1986 年）

称文检课）（图2-17），教学活动得到学校教务处的支持，确定为选修、指定选修课，并为图书馆配备了投影仪等教学设备。

1985年3月，图书馆成立文检课教研室。1986年5月19日，校长办公会议决定成立文检课教研室，由张先畴副馆长（主持工作）任主任，张大濯、马力任副主任（均为兼职）。教研室设在图书馆内，是图书馆的一个教学科研机构，任课教师由该教研室从校内外聘请（兼职）。教研室的成立为文检课课程教学组织发挥了重要作用。

1990年5月，宁夏高校图工委秘书处在宁夏大学举行全区首次文检课研讨会，各馆文检课教师与图书馆负责人参加会议，讨论了各校开展文检课的协作问题，推动了全区高校图书馆文检课的快速发展①。

四、现代化、自动化建设

图书馆1990年购置了JX-4型图书监测系统，开始进入现代化管理与服务阶段。除图书监测系统外，图书馆先后购买了复印机、计算机、缩微胶卷、缩微平片及阅读器等设备。

1994年，图书馆通过"世界银行贷款"项目购置2台长城286计算机。

1995年，图书馆提出中型局域网建设规划，对文献数据加工网络子系统和书刊条形码流通管理系统提出具体要求和规划。

1996年，图书馆购入3台486计算机，开始试验组建图书馆 Novell 同轴电缆

---

① 宁夏回族自治区教育委员会.宁夏教育年鉴：1986—1990[M].银川：宁夏人民出版社，2000：68.

局域网。通过对三种商品化软件管理系统（日本富士通、深圳大学 SULCMIS Ⅱ 和北京息洋公司的 GCS）考察调研后，购买了北京息洋公司的 GCS 图书馆管理系统，开始了图书馆计算机管理建设时期。

五、业务改革

1982年5月，图书馆依据《全国高等学校图书馆工作条例》，制定并试行岗位责任制。对各部门进行业务分工，定岗位、定职责，制定工作细则、规章制度及工作人员守则，总共31种，经校长批准执行[①]。

1984年9月，图书馆在学校总体布置下进行管理改革。制定或修订馆、部（室）职责范围和个人岗位责任29个，实行考勤、考绩、考德、考能等考评制度，并改革奖金分配办法。在采编部和流通阅览部试行定额、计量责任管理[②]。

1991年9月，图书馆印发《宁大图书馆目标管理试行方案》，通过试行目标管理，加强图书馆科学管理，调动全馆人员的工作积极性与主人翁精神，以提高工作质量和效率。

1992年9月，学校批准图书馆成立宁夏大学鸿图文献科技开发部（简称鸿图开发部）[③]，鸿图开发部是图书馆在改革开放的形势下适应市场经济而成立的机构，后因经营不善而关闭。

六、科研工作

（一）发表论文

通过《中国知网》检索，以"宁夏大学图书馆"为作者单位，1980—1996年宁夏大学图书馆馆员发表期刊论文15篇。这一时期的论文以"面向实

① 西北五省（区）高等学校图书馆工作委员会协作组.西北地区高等学校图书馆的历史与现状 [M].西安：西北工业大学出版社，1989：102.
② 西北五省（区）高等学校图书馆工作委员会协作组.西北地区高等学校图书馆的历史与现状 [M].西安：西北工业大学出版社，1989：164.
③ 姚郁杰.宁夏大学史事编年：1988—1993[J].宁夏大学学报，1993，15（S2）：62.

践"为特色，为解决业务工作中的问题而思考和撰写，如《谈我校图书馆图书采访》（王艳常《宁夏大学学报（社会科学版）》1986年第2期）、《宁夏大学图书馆改进借阅办法深受读者欢迎》（周佩英《宁夏图书馆通讯》1980年第1期）、《谈高校图书馆与系资料室的改革》（刘玉梅《宁夏大学学报（社会科学版）》1985年第4期）、《宁夏大学文献资源现状分析及建议》（张向东《宁夏大学学报（社会科学版）》1993年第2期）、《心理暗示与读者工作》（贾志宏《图书馆理论与实践》1993年第2期）等。

（二）科研获奖

在宁夏大学首届、第二届、第四届科研成果评奖中，图书馆馆员获奖名单如下。

表 2-4　馆员获奖情况一览表

奖项名称	奖项	获奖者	获奖论文	原载刊物
宁夏大学首届科研成果奖（1985年）	论文三等奖	马　力	《宁夏历史地理参考文献概述》	《宁夏图书馆通讯》1983年增刊1
宁夏大学第二届科研成果及首届文艺创作奖（1988年）	论文二等奖	刘玉梅	《谈高校图书馆与系资料室的改革》	《宁夏大学学报（社会科学版）》1985年第4期
宁夏大学第二届科研成果及首届文艺创作奖（1988年）	论文三等奖	王艳常	《谈我校图书馆图书采访》	《宁夏大学学报（社会科学版）》1986年第2期
宁夏大学第四届科研成果奖（1995年）	论文二等奖	刘玉梅	《专业队伍建设中一个应该引起注意的倾向》	《图书馆理论与实践》1991年第4期
宁夏大学第四届科研成果奖（1995年）	论文三等奖	王艳常 刘桂英	《高校图书馆与国情教育》	《图书馆理论与实践》1992年第3期
宁夏大学第四届科研成果奖（1995年）	论文三等奖	贾志宏	《心理暗示与读者工作》	《图书馆理论与实践》1993年第2期

此外，陈晓波、刘玉梅分别获得宁夏大学第五届优秀科研成果奖（论文类）三等奖。

（三）出版著作

《西北地区高校图书馆的历史与现状》一书，1989年3月由西北工业大学出版社出版，宁夏大学图书馆傅新海是编委会成员之一。

《书海导航——大学生利用图书馆百题答问》由张向东主编、银川地区各高校图书馆参编。该书于1996年9月由宁夏人民教育出版社出版，可作为各高校图书馆开展读者教育的参考书（图2-18）。

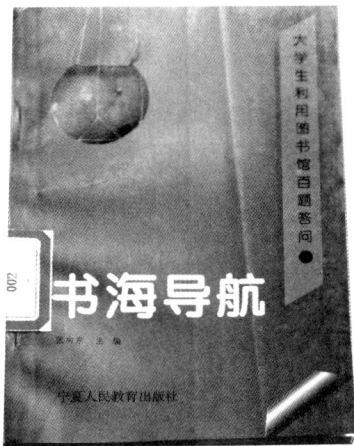

图 2-18　《书海导航——大学生利用图书馆百题答问》

七、队伍建设

1980年9月，中共宁夏大学委员会决定，凡向图书馆补充工作人员，必须先经图书馆考核同意[①]。

1982年11月23日，宁夏大学批准成立图书馆职称评审小组。职称评审小组由王业和、傅新海、刘之橄、王艳常四位同志组成，王业和任组长。同时还批准了《职称评审办法》，正式开始职称评审工作。

职称评审为馆员开辟新的发展通道，极大地调动了馆员工作的积极性和创造性，促进了高素质馆员队伍建设。1983年2月1日，学校提拔陈文圭、王艳常为馆员；同年6月3日，学校确定了一批初级职称人员，白增绶、张玉绒被评为图书资料管理员；1985年12月6日，校长办公会议研究并决定，确认牛儒林、周佩茹、王世召、李青为馆员；马力、李淑兰、何天成、国和平、罗毅、朱章萱、王黛如为助理馆员。此后馆员职称评审工作进入规范化、正规化阶段。

---

① 西北五省（区）高等学校图书馆工作委员会协作组.西北地区高等学校图书馆的历史与现状 [M].西安：西北工业大学出版社，1989：76.

1985年5月，图书馆在本校应届毕业生中公开招聘工作人员，有110人报名，经考试从中选留贾志宏、陈晓波、刘彦3名同志到图书馆工作。

图书馆高度重视专业人才队伍建设，从20世纪80年代开始，积极支持馆员参加北京大学图书馆举办的图书馆学专业函授班以及宁夏广播电视大学举办的图书档案专业大专班学习，还选派非图书馆学专业毕业的馆员到北京、大连等地图书馆干部进修班学习，培养了一批专业技术干部，为图书馆的长期发展奠定了坚实的人才储备。

（一）专业在职学历教育

1.北京大学图书馆学系（函授）专修科

通过正规考试，1981年北京大学图书馆学系（函授）专修科在宁夏择优录取了第一批共47名学员，宁夏大学图书馆张向东、刘玉梅、高虹、周佩英、王秀云、侯丽君、赵光7位同志被录取。经过3年函授学习，通过毕业实践、撰写毕业专题报告，7位同志圆满完成学习任务并获得毕业证书。

2004年4月，在北京大学图书馆学系八一级宁夏函授班毕业20年师生聚会时，函授班学员、宁夏大学图书馆原馆长张向东赋诗一首。

清平乐·聚会

同学三年，入门承师传；

二十余载排疑难，开掘知识源泉。

典籍寄托深情，撒下一路艰辛；

今日师生聚首，继续学习上进。

2.宁夏广播电视大学图书馆学专业教学班

（1）1985级图书馆专业教学班。1985年，中央广播电视大学在全国各省（市）、自治区普遍开设图书馆学专业。在宁夏文化厅、宁夏教育厅的支持下，宁夏图书馆和宁夏大学图书馆承担了开设教学班的任务。经过全国统一考试，录取新生80余名。宁夏大学图书馆张向红、付国英、周群、马谦、陆志祥5名同志被录取后经过三年不脱产学习，于1988年获得毕业证书。

（2）1988级图书馆专业教学班。宁夏大学图书馆严利民、王利通过考试被录取。经过三年不脱产学习，于1991年获得毕业证书。

3. 宁夏广播电视大学二年制图书馆学专业专科班

1988年8月，宁夏广播电视大学二年制图书馆学专业专科班开学，宁夏大学图书馆傅卫通过考试被录取，于1991年毕业。

4. 图书馆学专业专升本教学班

宁夏图书馆培训中心与宁夏大学联合开办图书馆学专业三年制（函授）本科教学班。2017年1月，傅卫参加本次专升本教学班学习，经过三年学习，通过毕业论文答辩取得图书馆学专业本科学历。

（二）馆员业务培训（图2-19、图2-20）

1981年3月，图书馆组织老馆员分章备课为青年馆员讲授图书馆学基础[①]。

图 2-19　馆员业务学习（1988 年 9 月）

图 2-20　李镜如教授作《毛泽东诗词欣赏》专题讲座（1991 年）

---

① 西北五省（区）高等学校图书馆工作委员会协作组. 西北地区高等学校图书馆的历史与现状 [M]. 西安：西北工业大学出版社，1989，3：82.

（三）参加学术及知识竞赛活动（图2-21、图2-22）

图2-21 参加宁夏高校图书馆知识竞赛
（1995年6月）

图2-22 宋兴汉在第三次图书情报学术讨论会上
作交流（1996年）

（四）馆员老照片（图2-23~图2-27）

图2-23 叶华清工作中（1983年）

图2-24 1984年张培调往山东大学时合影留念
第一排左起：门淑华、陈改兰、陈文圭、王秀云、陈群英、于淑琴
第二排左起：李师傅（门卫）、王玉兰、王艳常、叶华清、付国英、张蓓、刘敏、郑广莹
第三排左起：刘之樾、沈宝英、王黛如、侯丽君、高虹、白建林、陈冬梅、赵霞、刘玉梅
第四排左起：王锋、李共前、尚继军、荆晓伟、陆顺、张向红、张向东、傅新海、宋兴汉、陈树军、白增绶

图 2-25 1989 年叶华清退休前与原采编部人员
合影
前排左起：贾志宏、王玉兰、沈宝英、叶华清、
刘桂英、白增绶
后排左起：李淑兰、陈冬梅、赵爱勤、侯丽君、
付国英、张向红、刘玉梅

图 2-26 建党 70 周年大合唱（1991 年）
（领唱：马勤 指挥：夏永萍）

图 2-27 1996 年欢送马勤、白玉调离图书馆
前一排左起：刘玉梅、王艳常、刘桂英、徐永丽、马勤、白玉、张新月、殷路、刘军燕、杜晖、
张向东
第二排左起：白增绶、李共前、李秀英、赵丽、门淑华、何晓丽、付国英、周群、崔秀荣、秦凤兰、
武永久
第三排左起：马力、陈生图、陈晓波、李淑兰、侯丽君、陈冬梅、高彩霞、包虹
第四排左起：贾志宏、董湧、陆志祥、张晓琳、黄昌海、王利、廖云
第五排左起：严利民、孙方礼、刘志军、郭建文、马谦、宋兴汉

八、党务工作

1982年4月13日，经校党委会讨论，同意图书馆党支部由傅新海、陈树军、叶华清三位同志组成，傅新海任书记[1]。

1985年6月29日，校党委作出《关于表彰先进党总支（支部）和优秀党员的决定》，赵霞被评为"优秀党员"[2]。

图 2-28　举办党章、团章知识竞赛（1986 年）

1986年11月19日，经校党委研究，同意图书馆党支部选举结果及分工。图书馆党支部书记傅新海，党支部委员赵霞、杨勤[3]。

1986年，图书馆举办党章、团章知识竞赛（图2-28）。

九、获得的荣誉

（一）个人荣誉

1982年6月，王业和被宁夏回族自治区人民政府授予"建设社会主义精神文明积极分子"称号。

1984年12月19日，校党委和行政决定对任教25年的教学人员和有20年教龄同时工龄在30年以上的教学工作人员予以表彰，王业和、刘之樾、黄克宽名列其中。

---

① 李树江.宁夏大学史事编年：1958—1988[J].宁夏大学学报，1988，10（S）：161.
② 李树江.宁夏大学史事编年：1958—1988[J].宁夏大学学报，1988，10（S）：214.
③ 李树江.宁夏大学史事编年：1958—1988[J].宁夏大学学报，1988，10（S）：264.

1985年9月9日，学校授予王艳常"1984—1985年度先进工作者"称号。

1986年1月，王艳常、宋兴汉、张向东、赵光、崔秀荣荣获宁夏教育厅、宁夏高校图工委授予的"先进工作者"称号。

1988年，全国高校图工委为在图书馆工作30年以上的同志颁发纪念证书（宁、青、新为25年），宁夏大学图书馆王业和、刘之樾获得纪念证书。

（二）集体荣誉

1982年6月，宁夏大学图书馆被中共宁夏回族自治区委员会授予"精神文明先进集体"称号，王业和馆长出席大会并代表本馆受奖。

1983年1月5—19日，宁夏教育局高教处和宁夏高校图工委组织高校图书馆巡回检查评比，推选宁夏大学图书馆为先进馆，参加全国高等学校图书馆经验交流会。

1986年1月，宁夏大学图书馆被宁夏教育厅、宁夏高校图工委授予"先进图书馆"称号；采编部与流通部分别被授予"先进集体"称号。

1988年12月，图书馆荣获宁夏大学1988年社会治安综合治理"达标先进单位"称号（图2-29）。

图2-29　荣获学校社会治安综合治理"达标先进单位"称号（1988年12月）

1991年1月，学校综合治理领导小组召开"宁夏大学1990年社会治安综合治理总结表彰大会"，图书馆被评为"达标先进单位"。

1993年1月，学校社会治安综合治理委员会召开"宁夏大学1992年社会治安综合治理总结表彰大会"，图书馆被评为"达标先进单位"。

1993年11月，在全区高校图书馆评估检查工作中，宁夏大学图书馆被宁夏

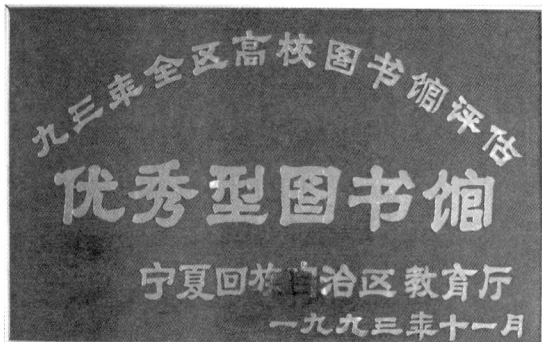

图 2-30 被宁夏教育厅评为"优秀型图书馆"
（1993 年 11 月）

教育厅评为"优秀型图书馆"
（图2-30）。

1995年9月22日，银川地区图书馆知识竞赛在银川市图书馆举行，银川地区四所高校（宁夏大学、宁夏医学院、宁夏农学院、西北第二民族学院）图书馆、银川市图书馆、贺兰县图书馆共六个单位参加决赛。由王利、包虹、陆凤红组成的宁夏大学图书馆代表队获得一等奖（图2-31）。

图 2-31 荣获银川地区图书馆知识竞赛一等奖（1995年9月）左起：张向东（副馆长）、刘玉梅（副馆长）、包虹、王利、王艳常（馆长）、陆凤红

十、协作与交流

宁夏图书馆学会、全国高等学校图书馆工作委员会、宁夏高等学校图书馆工作委员会以及宁夏大学图书馆委员会先后成立，宁夏大学图书馆在各级学会和图工委工作中承担相应的责任和义务，在推动全区图书馆事业发展中发挥了积极作用。

（一）图书馆学会、高校图工委工作

1. 宁夏图书馆学会

1982年5月，宁夏图书馆学会第二次会员代表大会召开，王业和馆长当选为学会副理事长；1985年5月，王艳常馆长当选为宁夏图书馆学会常务理事；1989年4月，宁夏图书馆学会第四次会员代表大会召开，王艳常馆长当选为学会副理事长。

在1981年北京大学图书馆学专业函授班教学中，宁夏大学图书馆组织本校李增林、刘世俊、刘钦斌、唐骥、东炎等教授担任基础课教学任务。1985年9月，

宁夏广播电视大学图书馆学专业教学班开学，宁夏大学图书馆承担教育系统教学班教学任务（宁夏图书馆承担文化系统教学班教学任务）。

1991年5月26日，图书馆组织馆员参加宁夏文化厅在银川举办的第一个图书宣传周活动（图2-32）。

2. 全国高等学校图书馆工作委员会

1981年9月，全国高等学校图书馆工作委员会（简称全国高校图工委；1987年6

图2-32　参加宁夏文化厅组织的图书宣传周活动
（1991年5月）

月改组为全国高等学校图书情报工作指导委员会，简称全国高校图工委）成立，宁夏大学图书馆被推选为委员馆，王业和馆长当选为委员会委员。

3. 宁夏高校图书馆工作委员会

1981年12月，宁夏教育局在宁夏大学召开全区高等学校图书馆馆长会议。由宁夏大学图书馆馆长王业和传达全国高等学校图书馆工作会议精神。

1982年5月21—22日，宁夏教育局在宁夏大学召开全区高等学校图书馆工作会议。各高校主管图书馆工作的校（院）长、图书馆馆长、总务处长等20余人出席会议。宁夏教育局副局长冯毅主持会议并讲话，会议一致同意成立宁夏回族自治区高等学校图书馆工作委员会，通过了委员会组织章程，协商了人事安排。同年6月8日，宁夏教育局下发《关于成立宁夏回族自治区高等学校图书馆工作委员会的通知》（宁教高字〔1982〕第156号）文件（图2-33），决定成立宁夏回族自治区高等学校图书馆工作委员会（简称宁夏高校图工委）。委员会的主要任务是：组织传达贯彻上级有关高校图书馆工作的指示；了解和研究我区高等学校图书馆工作情况，提出改进措施；组织经验交流；组织培训高校图书馆在职工作人员；组织馆际协作；组织编印反映我区高等学校图书馆的简讯；开展高校图书馆工作有关课题的研究，搞好与自治区图书馆协会和有关学会的协调工作；加强与国内各高校图书馆及其有关组织之间的联系。工作委员会由冯毅任主任委员，康之江（宁夏教育局高教处处长）、王业和（宁夏大学图书馆馆长）、夏顺生（宁夏医学院图书馆副馆长）、杨希安（宁夏农学院图书馆副馆长）任副主任委员。工作委员会下设秘书处，负责日常工作。夏顺生兼任秘书长，傅新海（宁夏大学图书馆副馆长）任副秘书长。秘书处办公地点设在宁夏大学。1987年10月17日，宁夏教育厅发出通知，宁夏高等学校图书馆工作委员会更名为宁夏高等学校图书情报工作委员会（简称宁夏高校图工委）。

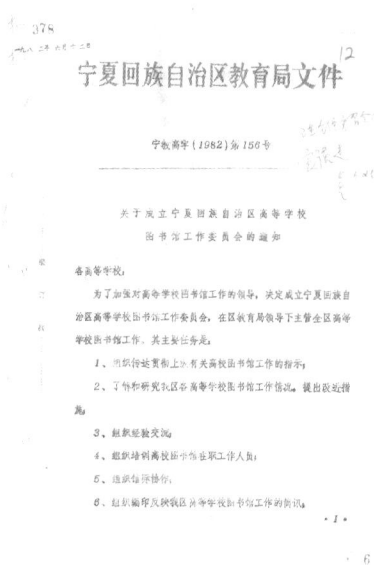

图 2-33　宁夏高校图工委成立文件

1985年11月16日，宁夏教育厅印发宁教高字〔85〕261号文件，增补张先畴为宁夏高校图工委副主任。

4. 宁夏大学图书馆委员会

1982年11月26日，宁夏大学图书馆委员会经校党委批准成立（图2-34）。

委员会的任务是：协调校图书馆和各系（室）资料室的工作，加强全校图书、资料情报工作，使之更好地为教学和科研服务。承担全校图书资料人员中馆员以上职称的业务评审工作。朱何芳任主任委员，王业和任副主任委员。

1982年12月9日，宁夏大学图书馆委员

图 2-34　宁夏大学图书馆委员会成立文件

会举行第一次会议。会议研究：1. 合理调整图书馆与资料室的关系；2. 迎接自治区教育局和自治区高校图书馆工作委员会检查评比活动；3. 职称评定工作等问题[①]。

（二）宁夏大学图书馆举办的会议

宁夏大学图书馆在履行宁夏图书馆学会以及宁夏高校图工委职责中积极发挥其作用。举办的会议有：

1982年，受宁夏图书馆学会委托，举办银川地区图书馆读者工作研讨会。

1985年1月21—23日，宁夏高校图工委在银川召开第三次会议。来自全区8所高等院校的图书馆馆长或副馆长及自治区教育厅高教处的同志出席会议。宁夏大学校长吴家麟、教务长郝绍光来到会场看望与会代表。

1985年10月4日，来宁夏考察的美国加州大学教授、原银川宁加公司总经理王仁煜先生应宁夏高校图工委的邀请，在宁夏大学给区、市以及各高校图书馆工作人员作了如何对图书馆进行科学管理，更好地为读者服务的学术报告。

1986年1月，宁夏高校图工委在宁夏大学召开全区高校图书馆工作经验交流会，会议总结了"六五"规划期间高校图书馆工作，表彰了宁夏大学图书馆、固原师范专科学校图书馆2个先进馆，10个先进部室和19名先进工作者。

1986年4月1—25日，宁夏高校图工委在宁夏大学图书馆举办为期1个月的《西文文献著录条例》培训班。来自宁夏各高校图书馆和自治区图书馆从事西文文献编目工作的业务人员参加了学习。

1986年11月3—7日，西北五省（区）高校图书馆第三次协作会议在宁夏大学召开，来自新疆、甘肃、青海、陕西、宁夏40所高等院校图书馆的46人参加了会议。自治区政府副主席马英亮及自治区党委宣传部、文化厅、教育厅等单位的领导同志到会祝贺并讲话。宁夏大学校长吴家麟、副校长夏宗建也分别讲话。

1988年7月25日—8月14日，宁夏高校图工委委托宁夏大学图书馆举办暑期

---

① 西北五省（区）高等学校图书馆工作委员会协作组. 西北地区高等学校图书馆的历史与现状 [M]. 西安：西北工业大学出版社，1989，3：114.

图书资料专业人员培训班，来自宁夏高校图书馆及县馆、情报所的36人参加了学习。

1990年3月9日，宁夏高校图工委在宁夏大学图书馆举行为期一天的学术报告会。《图书馆理论与实践》杂志主编高树榆、副主编张欣毅应邀作了《略谈图书馆学论文写作》《图书馆学的研究方法》《图书馆学研究进展》学术报告。

1990年5月，宁夏高校图工委秘书处在宁夏大学举行全区首次"文献检索与利用课"研讨会，各馆文检课教师与图书馆负责人参加会议，讨论了各校开展文检课的协作问题。

1990年11月9—10日，宁夏高校图工委在宁夏大学图书馆举行全区高校图书馆教育职能研讨会。宁夏高校图工委部分副主任、图书馆馆长及论文作者共20余人出席了研讨会。宁夏高教学会秘书长、宁夏大学副校长刘世俊等应邀参加研讨会。

1992年6月，为了进一步推动宁夏高校图书馆读者服务工作，宁夏高校图工委在宁夏大学召开宁夏高校图书馆读者服务工作研讨会。研讨会上有20余名论文作者进行了学术交流（图2-35~图2-37）。此次会议也是为定于下半年召开的西北五省（区）高校图书馆读者服务工作研讨会论文征选做准备。

1992年8月18—20日，西北五省（区）高校图书馆读者工作研讨会在宁夏大学举行。副校长刘世俊出席大会开幕式并讲话。会议还特邀甘肃省图书馆邵国

图2-35　王艳常馆长主持会议
（1992年6月）

秀副馆长作了题为《情报意识与读者服务》的学术报告。宁夏大学图书馆贾志宏论文《心理暗示与读者工作初探》在大会上进行交流。

1993年5月26—27日，宁夏高校图工委在宁夏大学举办全区高校图书馆部主任研讨会（图2-38）。

图 2-36　刘玉梅作大会交流
（1992 年 6 月）

图 2-37　贾志宏作大会交流
（1992 年 6 月）

图 2-38　全区高校图书馆部主任研讨会（1993 年 5 月）。主席台左起：王艳常（宁夏大学图书馆馆长）、高树榆（宁夏图书馆馆长）

第二节　宁夏农学院图书馆（1980—2001）

一、馆舍及组织机构

1980年，馆舍面积扩大至2 500平方米，内设采编部、流通部和阅览部[①]。

图2-39　宁夏农学院图书馆（1982年11月）

1982年11月，图书馆新馆建成（图2-39），建筑面积3 260平方米，增设办公室和情报资料部。图书馆工作人员29人。1984年根据工作需要，确定两室（办公室、情报研究室）、四部（采编部、图书部、资料部、期刊部）作为图书馆基层单位。

这一时期担任图书馆馆长、副馆长的有：王永堂、杨希安（副馆长、主持工作）、梁爱卿、叶焕民（副馆长、主持工作）、王维斗、张贤、叶新元、钱崇一（副馆长）。

1982年6月8日，宁夏高校图工委成立。杨希安副馆长任宁夏高校图工委副主任。

1983年4月，图书馆增设报刊和专业图书阅览室。

1983年5月23日，杨希安副馆长参加在北京召开的中国农业图书馆协会成立大会及经验交流会。

1984年6月，图书馆除增设情报研究室外，各阅览室均改为开架阅览。

1985年，学院根据教育部《关于加强高等学校图书馆工作意见的通知》要

[①]《宁夏大学五十年》编写组. 宁夏大学五十年（1958—2008）[M]. 银川：宁夏人民出版社，2008：231.

求，为了加强学院图书馆与资料室建设的统一领导，成立了由主管教学工作的副院长为主任的宁夏农学院图书馆工作委员会。

冯曙光担任宁夏图书馆学会第一届、第二届常务理事；李英华担任宁夏图书馆学会第二届理事；梁爱卿担任宁夏图书馆学会第三届理事；冯月梅担任宁夏图书馆学会第四届、第五届理事。

图书馆在日常管理、服务工作中不断修订和完善各项规章制度，并于1996年对馆内各项规章制度进行了全面整理、修订，编制完成了《宁夏农学院图书馆规章制度汇编》，共收录各项规章制度46项。

二、文献资源建设

1983年，图书馆有藏书20余万册，期刊1 044种，其中中文期刊751种，外文期刊293种[①]。

1986年，为集中有限经费，提高使用效益，学院决定保留农经系和马列主义教研室的资料室，其他各系（部）不再专设资料室，由图书馆统一订购、收藏和管理图书和期刊，为全院提供高效便捷的图书情报、文献资料服务。

新图书馆使用后，学院在办学经费紧张的情况下，十分重视图书馆经费投入和馆藏建设。每年图书文献资料购置经费占全院教育事业经费的1.78%~3%。仅1999—2001年，学院对图书馆的投入按年7.7%的速度递增，年投入经费在20万元以上。

图书馆还加强对权威性中外文检索刊物的收藏，连续订购世界农业三大英文检索期刊，即国际农业和生物科学中心（*Center for Agriculture and Bioscience International*）的文摘（CABI）十余种、美国国家农业图书馆的《农业书目》（*Bibliography of Agriculture*）、联合国粮农组织的《农业索引》（*Agrindex*）。此外，还收藏有英国的《食品科学与技术文摘》（*Food Science and Technology Abstracts*）、《动物记录》（*Zoological Record*）和美国《生物学文摘》（*Biological*

---

① 宁夏农学院校史编委会 .《宁夏农学院校史》（内部资料），1988：66.

Abstracts）的 *BA/Reports and Meetings* 等检索刊物。

根据学院学科专业设置，馆藏文献以农业科学和生物科学为主。随着学院专业的不断增加，图书馆加强了对农业经济管理、食品科学等学科文献的收藏。截至2002年，馆藏文献达到29万余册。农业、生物类图书占全部馆藏的30%以上，逐步形成了以农业科学、生物科学类文献为主的馆藏特色和文献收藏体系[1]。

图 2-40　徐兆桢教授查阅资料（1996 年）

图 2-41　孟玉明（左）、郭凤琴（右）整理图书（1998 年）

三、读者服务

（一）常规服务

图书馆先后采用《人大法》（1982年以前的图书）和《中图法》（1982年之后的图书）类分图书，按文种组织目录，设有公务目录和读者目录，在每种目录下又分别设置分类、书名和著者目录；期刊资料采用《中国图书资料分类法》分类，设有篇名、分类和地区三种目录。读者根据目录查找所需的图书和期刊。

图书馆设有中文专业图书、外文图书、工具书、中文专业期刊等阅览室，阅览座位450个，每周开馆72小时。为了满足师生阅览需求，图书馆

①《宁夏大学五十年》编写组 . 宁夏大学五十年（1958—2008）[M]. 银川：宁夏人民出版社，2008：232.

在服务方式上进行了大胆尝试，1984年首先在期刊阅览室试行了全开架阅览服务。

此外，图书馆定期召开学生读者座谈会，听取学生的意见，并将这些意见及时反馈到各部门，以此提高服务质量。

1985年以来，图书馆吸收园林系张建平等7名同学义务管理阅览室，对学生积累管理经验、丰富学习生活发挥了重要作用。1986年5月14日，宁夏教育厅副厅长、宁夏高校图工委主任雒秀兰专程到学院看望这些义务图书管理员，并向他们赠送纪念品。以此为开端，经有关单位支持，图书馆从在校生中挑选部分家庭困难的学生参与阅览室管理，不仅缓解了这些同学的经济困难，也使他们增长了阅历、得到了锻炼，受到学生的好评。

（二）图书及图片展

1993年，为纪念毛泽东同志诞辰100周年，图书馆举办为期4天的书展，展出图书170册、图片简报资料13版，接待读者920人次。为配合学生的思想政治教育，展出剪报2期。为纪念宋庆龄诞辰100周年展出图书资料6版。为纪念"七一"党的生日展出图片6版。1997年，参加宁夏文化厅举办的图书展览活动（图2-42）。

（三）开设文检课

1984年2月，教育部发出《关于在高等学校开设〈文献检索与利用〉课的意见》的通知。图书馆在现有条件下很难开设该课程，但主讲教师积极性高，开

图2-42　参加文化厅举办的书展活动（1997年）
左起：钱崇一、刘婀妮、郭凤琴、孟玉明、王振国、李伶凛

设课程也得到教务处的大力支持。在全馆同志的努力下，开设了40学时文检课必修课，并抽调冯曙光等5位同志担任辅导实习工作。图书馆清理馆藏中适用的工具书，为开设课程奠定了物质基础。

自1986年以来，图书馆为农学、园林、牧医、食品、生物等专业开设了文检课，增强了学生的文献信息意识和掌握各种农业文献检索的方法和途径，提高了学生的文献检索能力。

到2001年，有4名教师为学生开设文检课，计算机检索纳入课程学习中。

（四）为教学科研服务

图2-43　冯月梅（右）、郭凤琴（左）为教学
科研检索文献资料（2001年6月）

除做好各项基础工作和读者服务工作外，图书馆始终把为科研工作服务放在十分重要的位置（图2-43）。1976年，图书馆与学院相关系（科）教研室配合，翻译英美等国家研究小麦全蚀病的文献23篇约12万字，汇编成《小麦全蚀病译丛》并铅印。

1978年与宁夏农科所协作，编译了《农作物冷害专辑》，由中国农科院科技情报所印刷。

自1985年以来，图书馆根据学院教学科研工作的需要，编制了《农业专题资料目录索引》《宁夏农学院图书馆农业科技内部发行刊物目录》《宁夏地区农业产业化专题目录》等二次文献。1992年，情报研究室编印的《科技成果推广专辑》获得国家科委《科技成果大全》编委会颁发的"科技成果宣传推广"三等奖。

从1993年开始编辑印发《科技开发与信息》小报。

四、现代化、自动化建设

为使图书馆适应现代社会发展的需要，从1996年3月起，图书馆开始使用计算机进行图书编目工作。在取得一定工作经验后，1997年3月，购买了北京息洋电子信息技术研究所开发的图书馆集成系统

图2-44　北京息洋图书馆集成系统（1997年3月引进）

（图2-44），开始为入馆新书编制机读目录（图2-45）。在此基础上，1997年10月开始建设馆藏中文图书回溯数据库。1998年10月启用图书流通系统对已建库的新书进行计算机管理。

1998年10月，馆藏中文图书书目数据库建成，中文图书全面使用计算机管理（图2-46）。图书馆现代化管理设备有：计算机6台（联想PII350一台、联想奔腾133二台、长城486二台、康柏486一台）；针式打印机一台、激光打印机一台；日本佳能NP-400型静电复印机一台。

截至2001年底，图书馆购买了《中国学术期刊（光盘版）》农业专辑数据库

图2-45　李玉梅（前）、王小莉（后）进行计算机编目（1997年10月）

图2-46　刘婀妮（前）、孟玉明（后）进行计算机流通服务（1998年10月）

和《国外科技资料目录——农业科学》软盘（1997—1999年）2种，图书馆已建起局域网。

五、队伍建设

（一）图书馆学专业教育

图书馆积极支持馆员利用业余时间参加宁夏广播电视大学图书馆学专业学习，钱崇一、赵梓丹、王小莉、杨一江、关晓庆5位馆员于1985年8月—1988年12月参加宁夏广播电视大学图书馆学专业学习，获得图书馆学专业毕业证书。王海宁于1993年8月—1998年1月参加宁夏广播电视大学图书馆学专业学习，获得图书馆学专业毕业证书。来泽荣、刘婀妮于1993年8月—1996年7月参加宁夏广播电视大学学习，取得图书档案专业两年制专科毕业证书。图书馆学专业人才的培养，为图书馆发展奠定坚实基础。

（二）培训学习

图书馆多年选派业务骨干到大连理工大学参加图书馆专业学习。1983年4月，邀请宁夏农科院图书馆赖济勋馆长在图书馆系统讲授图书馆学基础。叶焕民副馆长任职后，为馆员作图书馆学相关知识讲座。邀请宁夏大学图书馆副馆长傅新海传达高校图书馆改革经验交流会议精神。

1984年8月，冯曙光、徐芝华、邵琴芳参加在西宁召开的西北五省（区）第一次图书馆学术讨论会。

杨希安副馆长、梁爱卿馆长分别参加了农牧渔业部主办的两期馆长学习班。李玉梅、徐芝华参加宁夏图书馆组织的文献标准著录学习班。冯月梅参加兰州大学图书馆学习班。王振国参加北京师范大学图书馆学习班。

1993年，图书馆坚持每周2小时业务学习，由主管业务的馆长讲授图书馆学知识，取得较好效果。并选派馆员参加陕西师范大学举办的短训班进修。

在计算机知识培训方面，图书馆聘请本院计算机专业教师为全馆工作人员讲授计算机应用理论与操作知识，共9人先后分批送往区内计算机中心培训。图书馆在职人员全部接受了计算机二级考核培训，较为熟练地掌握了计算机操作技术，为推动本馆管理现代化奠定了基础。

（三）馆员老照片（图2-47~ 图2-49）

图 2-47　与实习生讨论工作
左起：严掌华、徐永红（南京大学图书馆学系实习生）、赵梓丹、王小莉（1988 年）

图 2-48　王小莉工作中（1991 年）

图 2-49　书库里的馆员们
左起：郭凤琴、赵梓丹、郑智秀、竺欣、严掌华、于萍、王小莉（1995 年）

六、科研工作

1989年，王振国参与"全国文献资源调查"课题。

1998年，冯月梅主持了"建立宁夏地区农业'两高一优'专题文献数据库"课题。

1999年，冯月梅申报的课题"宁夏地区区域性农业产业化专题文献数据库的建立"获得宁夏教育厅立项。

七、党务工作

2002年，宁夏农学院图书馆党支部有党员7人：叶新元、吴雪峰、钱崇一、王小莉、王振国、张晶、冯月梅。叶新元担任党支部书记。

八、获得的荣誉

（一）个人荣誉

1983年1月，李英华、贺卸美荣获宁夏文化厅授予的"先进工作者"称号。

1986年1月，冯月梅、宋桂荣、钱崇一荣获宁夏教育厅、宁夏高校图工委授予的"先进工作者"称号。

1988年，冯曙光荣获全国高校图工委颁发的"高校图书馆30年馆龄纪念证"（宁、青、新为25年）。

（二）集体荣誉

1986年1月，采编部、书库、第四阅览室分别荣获宁夏教育厅、宁夏高校图工委授予的"先进集体"称号。

1993年11月，图书馆被宁夏教育厅评为"良好型图书馆"。

第三节　宁夏工学院图书馆（1983—1997）

一、馆舍及组织机构

宁夏工学院筹建工作于1983年启动，其前身是宁夏大学机械系和电子工程系。

　　1983年10月1日，宁夏工学院图书馆成立，借用宁夏大学70平方米房屋为临时馆舍，接受宁夏大学机械系图书1万册，有工作人员3名[①]。

　　1984年秋，学院由宁夏大学附属中学搬迁到新校址，即现在的宁夏大学文萃校区。当时尚未建有专用图书馆馆舍，暂借宿舍楼开展借书服务，图书馆在宿舍楼的一层（图2-50、图2-51）。

　　1984年10月18日，宁夏编制委员会批准设立图书馆，从即日起启用图书馆印模。1987年9月宁夏工学院教学大楼建成后，图书馆在教学大楼二层的西半部（图2-52，约485平方米）及五层的2个教室（约100平方米）中办公及开展书刊

图 2-50　宁夏工学院宿舍楼（图书馆位于一层）

图 2-51　位于宿舍楼一层的图书馆

图 2-52　宁夏工学院主楼（1987 年 9 月）

---

① 西北五省（区）高等学校图书馆工作委员会协作组.西北地区高等学校图书馆的历史与现状 [M].西安：西北工业大学出版社，1989：133.

借阅工作。到1997年，图书馆馆舍面积为1 200多平方米。

图书馆馆长：李群发。

图书馆副馆长：刘林阁、李群发、张文元。

图书馆成立后设置办公室、采编部、期刊部、借书处4个部门。1995年9月，院党委决定，图书馆设采编部、流通部、期刊部、情报部，沈丽萍任采编部主任，乔春英任流通部副主任，赵明智任期刊部主任，邵晋蓉任情报部主任。

二、文献资源建设

宁夏工学院是一所理工类普通高等学校，图书馆根据学院的专业设置进行文献资源建设，文献资源主要侧重于机械、电子、建筑、化工、企业管理等专业。

1983年建馆时，购置图书2万余册。1984年3月，图书馆接受浙江大学图书馆赠书4 000册，其中外文图书1 500册[①]。

1988年底，图书馆累计藏书45 187册。其中，外文图书3 036册，工具书2 435册，期刊合订本460册，订购中文期刊580种，外文期刊23种。到1997年与宁夏大学合校时，馆藏图书7万余册。其中，中文图书6万余册，外文图书5 000余册，过刊合订本8 000余册[②]。

为在全院范围统筹协调文献资源建设，充分利用各种文献资源，1991年4月，学院成立图书情报委员会。1996年6月，学院决定对全院图书资料实行二级管理，在各系普遍建立了阅览室，图书馆对各系阅览室进行业务指导。

三、读者服务

（一）常规服务

馆藏中外文图书与期刊资料均采用《中图法》进行分类，设有中外文图书

---

① 西北五省（区）高等学校图书馆工作委员会协作组.西北地区高等学校图书馆的历史与现状 [M].西安：西北工业大学出版社，1989，3：145.

② 《宁夏大学五十年》编写组.宁夏大学五十年（1958—2008）[M].银川：宁夏人民出版社，2008：289.

读者分类目录、书名目录，中外文图书公务目录，期刊分类目录。读者通过分类及书名目录查找图书和期刊。

1988年，图书馆设4个阅览室：科技阅览室、社科阅览室、工具书与检索资料阅览室、外文图书借阅室，设90个座位。到1997年合校前，设阅览室6个：现刊阅览室、过刊阅览室、报纸阅览室、工具书与检索资料阅览室、外文图书阅览室和特种期刊阅览室，可供250多名师生同时阅读书刊（图2-53、图2-54）。

图2-53 流通部服务
左起：潘英洁、张欣、李燕、张西玲

图书馆不断创造条件延长服务时间，从1988年周开馆阅览时间48小时，到1997年周开馆阅览时间延长至84小时。

图2-54 学生在图书馆查阅资料
（1988年10月）

图书馆加强情报服务工作，开展口头及书面咨询和检索服务；及时进行新书报道、剪报宣传、知识园地介绍等。

1995年10月，图书馆申请专项资金购置了复印机，增设复印室为读者提供文献复制服务。

（二）编印《图书之窗》小报

1995年12月，图书馆将中断数年的内部资料《图书之窗》（图2-55）恢复

图 2-55 《图书之窗》报纸

编印。《图书之窗》（报纸名称"图书之窗"由副馆长张文元题写）为读者提供了一个了解图书馆及其文献资源，增长文献知识的窗口。

《图书之窗》设有"到馆新书"专栏，方便读者借阅新书；普及文献情报学知识，如《中图法》简介、图书馆目录、怎样利用图书馆、情报检索与大学生等内容。在为读者提供文献情报服务的同时，积极发挥了对学生的思想政治教育作用。

（三）开设文检课

1984年2月，教育部发出《关于在高等学校开设〈文献检索与利用〉课的意见》的通知，图书馆自编教材，因陋就简将该课程设置为指定选修课。

从1987年起，图书馆开设文检课选修课，1989年开始积极筹备文献检索教研室，并进行编写专业检索课教材的准备工作；1990年和1993年，经济管理系、化学工程系先后将此课程列入教学计划，定为必修课。1994年将课程名称改为情报检索。为改善课程实习条件，1995年10月，图书馆购进《中国专利文摘》光盘一套，供学生检索实习。1997年邵晋蓉编写的《情报检索》《情报检索实习指导书》（图2-56）用于课程教学。

图 2-56 邵晋蓉编写的《情报检索》《情报检索实习指导书》讲义（1997年）

四、自动化建设

1995年11月，图书馆与学院计算中心共同开发的图书馆采编系统微机管理进入试运行阶段，图书馆步入采编工作自动化阶段。

五、队伍建设

1983年建馆时有工作人员3名。到1997年与宁夏大学图书馆合馆时，已有工作人员21名。

六、科研工作

1996年，栾理珉主持宁夏工学院校级课题"大学情报教育"。

1996年，李群发、邵晋蓉参加宁夏高校图工委组织的《书海导航——大学生利用图书馆百题答问》图书编写工作，该书于1996年9月由宁夏人民教育出版社出版。

七、党务工作

1997年与宁夏大学图书馆合馆时有党员4名：李群发、张文元、邵晋蓉、潘英杰，隶属机关第三党支部。1992—1997年，李群发任机关第三党支部委员。

八、获得的荣誉

1986年1月，雒凤琴荣获宁夏教育厅、宁夏高校图工委授予的"先进工作者"称号。

1986年1月，图书馆流通组荣获宁夏教育厅、宁夏高校图工委授予的"先进集体"称号。

第四节　宁夏教育学院图书馆
（含银川师专图书馆）（1979—1989）

一、宁夏教育学院图书馆（1979—1988）

（一）馆舍与组织机构

宁夏教育学院是为宁夏培训、提高中学教师和管理干部业务水平的成人高等师范院校。

1979年10月，宁夏教育学院图书馆成立，隶属教务处领导，利用《中图法》分类图书[①]。图书馆馆址在银川西郊罗家庄，建馆初期有工作人员6名，在学院办公楼一层占用2间房，面积仅有五六十平方米，分隔成5个小型书库和2个阅览室，只向教职工借书。

学院5个系和函授部均设有资料室，图书馆为本院教学和科研提供文献情报服务，对各资料室实行业务辅导和协调，是全院的文献资料中心。

段筱香任图书馆党支部书记、馆长。

周光旦任图书馆副馆长（主持工作）。

1984年2月，图书馆升格为系处级建制。

1986年4月8日，学院《关于教务处等部门设置科室的通知》［宁教院字〔86〕8号〕决定，图书馆设采编室、流通阅览室、情报资料室。

1986年4月19日，学院任命：张淑贤任采编室主任、高明伟任流通阅览室副主任、姜良好任情报资料室副主任。

1987年4月7日，学院任命：高明伟任图书馆馆长助理（正科级）。

1987年11月3日，学院任命：高明伟任流通阅览室主任兼馆长助理（正科级）、姜良好任情报资料室主任（正科级）、孙燕任采编室副主任（副科级）、张

---

① 西北五省（区）高等学校图书馆工作委员会协作组. 西北地区高等学校图书馆的历史与现状 [M]. 西安：西北工业大学出版社，1989：68.

明华任流通阅览室副主任（副科级）。

图书馆新馆（图2-57）于1985年12月15日投入使用，建筑面积2 400平方米，馆内藏书10万册，图书馆内设办公室、采编部、流通阅览部和情报资料部。有文科书

图2-57 宁夏教育学院图书馆（1985年）

库、理科书库、特藏室、期刊阅览室、过刊阅览室、参考书阅览室、工具书检索室、情报资料室等部门①（图2-58～图2-60）。

图书馆十分重视自身建设。一是坚持每周一次的业务学习，以提高图书馆馆员的业务能力；二是建立健全各项规章制度；三是尝试开架借阅的改革。

图2-58 图书馆阅览室（1988年）

图2-59 英语系马元照主任陪同外教参观图书馆（20世纪80年代中期）

---

① 《宁夏大学五十年》编写组.宁夏大学五十年（1958—2008）[M].银川：宁夏人民出版社，2008：321.

图 2-60　学生在图书馆自习
（20 世纪 80 年代末）

（二）读者服务

在学院领导的大力支持下，经过图书馆工作人员精心准备，自1985年下半年开始向毕业班学生发放"入库证"，仅用了半年时间，于1986年在全区率先实现书刊对全院师生员工全面开架借阅，提高了图书的利用率和流通率，极大地方便了读者，受到区内外同行的关注，得到宁夏高校图工委的肯定。

1987年9月9日，自治区党委副书记刘国范、自治区政府副主席王燕鑫等到学院慰问教师，到图书馆看望教师和学员。

（三）协作与交流

1987年11月12—13日，宁夏高校图书馆工作会议在宁夏教育学院召开（图2-61）。会议传达全国高校图书馆馆长会议及西北五省（区）高校图书馆第四次协作会会议精神，总结全区高校图书馆的工作并提出今后工作要点。宁夏教育学院院长王凤峨、银川师专副校长顾占雄、宁夏教

图 2-61　宁夏高校图书馆工作会议（1987 年 11 月）

育学院图书馆副馆长周光旦、银川师专图书馆馆长卫传荣等参加了会议。

（四）获得的荣誉

1986年1月，刘思容、周光旦荣获宁夏教育厅、宁夏高校图工委授予的"先进工作者"称号。

1986年1月，情报资料室荣获宁夏教育厅、宁夏高校图工委授予的"先进集体"称号。

1988年，图书馆在宁夏高校图书馆评估中荣获"良好型图书馆"称号。

（五）馆员老照片（图2-62、图2-63）

图 2-62　周光旦副馆长工作中
（20 世纪 80 年代中期）

图 2-63　馆员合影（1988 年 10 月）
第一排左起：郭琦华、孙燕、韩瑛、王心力、张玉珍、马晓立、年尚惠
第二排左起：赵明、周光旦、林承静、崔凤英、张淑贤、张明华、段筱香、孟力、姜良好、王雯台、段润香、刘思容

二、银川高等师范专科学校图书馆（1983—1988）

（一）馆舍及组织机构

1983年，银川高等师范专科学校（图2-64）图书馆成立。有工作人员16名，设采编和流通阅览组。其前身为银川师范学校图书馆[①]。图书馆尚无独立馆舍，只有分散在6处的642平方米的平房。其中书库面积354平方米、阅览室面积228平方米、办公用房60平方米。有阅览座位172个（图2-65~图2-70）。

图2-64　银川高等师范专科学校校门（1983年）

图2-65　图书馆阅览室

图2-66　教师情报资料阅览室

---

① 西北五省（区）高等学校图书馆工作委员会协作组. 西北地区高等学校图书馆的历史与现状 [M]. 西安：西北工业大学出版社，1989，3：125.

图 2-67　保玉英整理书库

图 2-68　理科图书借阅处

图 2-69　理科图书借书窗口

图 2-70　"新书目录"栏

1984年学校机构改革，为了加强对图书馆工作的领导，将原来隶属于学校教务处领导的图书馆改为由学校直接领导的副处级单位。

1984年5月，银川高等师范专科学校任命马昌其为图书馆馆长，卫传荣为副馆长。馆内设采编、流通、阅览3个组。流通组分为文科、理科图书借阅室。阅览组分为学生（期刊）阅览室、文科专业图书阅览室和教师资料阅览室。

到1985年，图书馆有工作人员18人（男4人、女14人），有大专以上学历的6人，占全馆工作人员总数的33%，其余都是中专或高中学历，经过图书馆专业学习或进修的有2人。

1986年5月，卫传荣任图书馆馆长。

（二）文献资源建设

1983年有藏书12.8万册。1985年有藏书近14万册，其中外文图书2 000余册，古籍200余册。订购期刊596种、报纸73种。1985年图书馆经费为3.7万元，占全校总经费的3.4%，文理科图书资料费用的比例大约是4∶1。截至1989年与宁夏教育学院图书馆合并前，图书馆藏书近15.2万册，其中中文图书15万余册，外文图书1 539册，订购中文期刊710种，外文期刊6种[①]。

（三）读者服务

图书馆采取增加阅览时间的办法解决阅览面积与阅览座位不足的问题。在以阅览室工作人员为主的基础上，安排勤工助学的学生参加值班，使周开放时间从原来的72小时增加到88小时，达到了《全国高等学校图书馆工作条例》所要求的服务时间。

（四）获得的荣誉

1986年1月，王俊英荣获宁夏教育厅、宁夏高校图工委授予的"先进工作者"称号。

1986年12月，胡敏、徐凤兰荣获宁夏教育厅、宁夏高校图工委授予的"先进工作者"称号。

1986年1月，图书馆荣获宁夏教育厅、宁夏高校图工委授予的"先进集体"称号。

三、合并后的宁夏教育学院图书馆（1989—1996）

宁夏教育学院与银川高等师范专科学校在1989年1月合并办学，两校图书馆于1989年5月合并。在学院党委、行政高度重视和大力支持下，宁夏教育学院图书馆工作得到长足的发展。

---

① 《宁夏大学五十年》编写组. 宁夏大学五十年（1958—2008）[M]. 银川：宁夏人民出版社，2008：333.

（一）馆舍及组织机构

宁夏教育学院图书馆与银川高等师范专科学校图书馆合并后，全馆有正式工作人员23名，具有大专以上学历的馆员12人。图书馆设置采编部、流通部、阅览部、情报资料部等部门。

顾占雄任图书馆党支部书记，顾占雄、卫传荣先后任图书馆馆长。

（二）文献资源建设

根据教学科研的需要，图书馆以收藏相关学科基础理论和科普性图书资料为主，重点收藏各种教学参考书，特别是中学教学参考资料，也购置一些古籍和外文图书。截至1997年底，图书馆收藏中文图书34.6万册，外文图书1 200册，中外文报刊合订本4 470册。内容涉及哲学、政治、经济、历史、文学艺术、教育、数理化、外语、工业技术等。年订阅期刊资料1 000余种，报纸100余种[1]。

图书馆与区内各高校图书馆建立了协作关系，同国内300多个图书单位建立了文献资料交换关系，不仅拓展了服务范围，也使图书资源得到最大范围的共享，图书利用率得到提高。图书分类采用《中图法》，线装古籍采用《四库分类法》分类。

（三）读者服务

为了便于读者检索，图书馆建立了分类目录与书名目录两套工具。图书馆长期坚持为师生服务的办馆方向，定期编印《教学参考资料索引》《教改文摘》《新书通报》，开办"书海求知""时代信息"等专栏，积极开展情报咨询，帮助教师更新教学内容，活跃学术思想，指导学生围绕自己所学专业选好书、读好书，不断丰富专业知识。由于长年坚持开架借阅和每周开放72小时的人性化服务，受到广大师生的好评。

（四）自动化建设

1990年，由卫传荣主持开发的"宁夏教育学院图书馆计算机编目系统软件"

---

[1]《宁夏大学五十年》编写.宁夏大学五十年（1958—2008）[M].银川：宁夏人民出版社，2008：355.

投入使用，图书编目和流通系统实现了计算机管理，受到区内同行的关注。

（五）科研工作

1991年10月，西北高校图书馆年鉴编辑委员会编辑的《西北高校图书馆年鉴（1949—1988）》一书由西北工业大学出版社出版，周光旦是编委会成员之一。

（六）党务工作

1997年与宁夏大学图书馆合并前，图书馆党支部有党员10人：卫传荣、胡敏、王俊英、姜良好、孙燕、赵明、海正忠、保玉英、范秀英、王葵。

第五节　宁夏大学、宁夏工学院、银川高等师范专科学校 （含宁夏教育学院）四校图书馆合并（1997—2001）

一、馆舍及组织机构

经教育部批复同意，原宁夏大学、宁夏工学院、银川高等师范专科学校（含宁夏教育学院）于1997年12月合并办学，组建新的宁夏大学。随着四校合并，其图书馆也合并成立新的宁夏大学图书馆（图2-71~图2-73）。

1998年学校批准图书馆下设9个部门并任命各部室主任：采编部（沈丽萍任主任，侯丽君任副主任）、办公室（贾志宏任主任，赵明任副主任）、信息技术

图 2-71　馆领导在宁夏农学院图书馆考察工作（2000 年）
左起：王振国、胡敏、李淑兰、赵铨、张向东、叶新元、卫传荣、钱崇一

图 2-72　馆领导与逸夫图书馆设计人员探讨
工作（1999 年秋）
左起：李群发、张向东、李淑兰（左二为设
计师）

图 2-73　建设中的逸夫图书馆（2000 年）

服务部（陈晓波任主任）、校本部流通部（刘志军任主任，王利任副主任）、校
本部阅览部（武永久任主任）、北校区流通部（乔春英任主任）、北校区阅览部
（邵晋蓉任主任）、南校区流通部（海正忠任主任，张宁任副主任）、南校区阅览
部（范秀英任主任）。

　　1999年2月，图书馆开始修订适合四校图书馆合并后的规章制度，特别是图
书流通与图书丢失赔偿办法，在全校统一实施。

　　1999年5月27日，宁夏大学逸夫图书馆项目建设领导小组成立。张奎校长任
组长，毛军副校长等任副组长，成员包括张向东副馆长等。10月9日，学校举行
宁夏大学逸夫图书馆开工典礼。

　　2001年4月，陈育宁担任宁夏大学党委书记、校长。陈育宁书记到任后多次
到图书馆考察工作（图2-74），了解图书馆经费使用情况。在学校行政办公会议
上，建议增加购书经费，图书馆经费由原来的几十万元增加到120万元。陈育宁
书记还亲临逸夫图书馆建设工地，对新馆建设提出许多建设性意见。

图2-74　陈育宁书记在图书馆
考察
左起：陈育宁书记（校长）、张
向东馆长（2001年）

二、文献资源建设

（一）纸质文献资源

1998年9月，宁夏人民出版社向宁夏大学捐赠图书（图2-75）。这批图书是宁夏人民出版社为庆祝宁夏大学建校40周年而捐赠的，共计185种、510册，价值人民币1万余元。校党委书记戴万忠、校长张奎、副书记邵国柱、副校长毛军等出席了捐赠仪式①。

图2-75　宁夏人民出版社赠书仪式（1998年9月）

1999年实现全馆（校本部、北校区、南校区）图书统一采购、集中编目。

2000年采购中文图书11 763册（384 956.32元），外文图书301册，是合校以来图书馆采购图书品种、数量最多的一年。预订2001年外文期刊58种、中文报纸185份、中文期刊2 292种。

---

① 茹琛. 宁夏人民出版社为我校捐赠图书 [N]. 宁夏大学报，1998-09-28（3）.

截至2000年底，图书馆共有藏书91万册。其中，中文普通图书68万册，外文图书4万册，中文期刊合订本10余万册，中文现刊及报纸2 400余种，古籍线装及特藏书7万余册[①]。

（二）电子文献资源

1997年，经学校有关部门和清华大学《中国学术期刊》（CAJ-CD）检索咨询总站批准，宁夏大学图书馆光盘检索站正式成立，它是宁夏地区唯一的一级检索站。在购书经费严重不足的情况下，图书馆订购的印刷型期刊共有1 100多种，而CAJ-CD涉及学术性期刊2 000多种，扩大了图书馆期刊收藏种类，为学校教学科研提供有力的文献信息保障[②]。

经过多年的积累，图书馆的数据库品种和累积数据量已初步形成体系和规模，已经具备开展文献信息咨询服务的基本条件。除《中国学术期刊全文数据库（光盘）》（图2-76）

图2-76　《中国学术期刊全文数据库（光盘）》

外，图书馆还订购了《科技期刊篇名数据库》《社会科学报刊题录数据库》《中国国家书目》以及《中国企事业及产品数据库》等4种光盘数据库[③]。

1999年，宁夏大学、宁夏医学院、西北第二民族学院三校图书馆联合引进《Springer-Link电子期刊全文数据库》。

---

① 《宁夏大学五十年》编写组.宁夏大学五十年（1958—2008）[M].银川：宁夏人民出版社，2008：405.

② 王芳.宁夏大学图书馆《中国学术期刊》光盘检索站成立暨开放活动周拉开帷幕[N].宁夏大学报，1997-04-08（1）.

③ 图书馆.馆藏光盘数据库品种介绍[N].宁夏大学报，1997-04-08（1）.

图 2-77 陈晓波（前排左一）为学生培训数据库
使用方法

2000年3月，在宁夏教育厅高教处的协调下，宁夏大学提供设备，宁夏大学、宁夏医学院、西北第二民族学院三所高校图书馆协作，共同购买《中国期刊网（CNKI）全文数据库》，在宁夏大学图书馆建立宁夏镜像站。三校师生通过校园网可对3 500余种中文学术期刊进行全文检索（图2-77）。

三、读者服务

（一）借阅工作

1. 三校区图书馆统一借书

为进一步发挥合校优势，校领导提出尽快实现全校统一借阅图书的要求。图书馆克服时间紧、技术难度高、工作量大等困难，从三个校区的图书分布、专业设置、实际需要等具体情况出发，在各项准备工作基本就绪的情况下，全校教职工和98级新生可以在全校范围内统一借书[①]。

2. 图书馆实行挂牌服务

为强化服务意识，接受读者监督，提高服务质量，更好地发挥高校图书馆第二课堂的作用，图书馆从2001年5月1日起，在三个校区统一实行挂牌服务。工作人员上班时，都要挂牌上岗。图书馆要求工作人员认真负责地回答读者的各种咨询，不同职称的工作人员，要按其职称要求开展相应层次的服务，不能轻易对读者说"没有""不知道"[②]。

---

① 吴爱宾. 我校图书管理又出新举措 教职工和新生率先在三校区统一借书 [N]. 宁夏大学报：1998-11-30（2）.

② 欣闻. 图书馆实行挂牌服务 [N]. 宁夏大学报，2001-06-05（2）.

3. 南校区图书馆实行开架借阅

为方便全校师生借阅图书，充分发挥馆藏文献的作用，使图书馆更好地为教学科研服务，在校领导的大力支持和关心下，南校区图书馆于2001年12月17日正式对馆藏16万余册图书全部实行开架借阅[①]。

（二）有偿信息服务

在引进数据库的基础上，为节约科研和教学人员查找资料的时间和精力，图书馆开展有偿信息服务[②]。

1. 最新资料定题选报：从签订服务协议之日起，每月为用户提供其指定专题的论文题录、会议信息、新版图书及相关文献信息。每月收取服务费30元。

2. 定题项目回溯检索：从签订协议之日起，根据用户规定的完成期限为用户递交其指定回溯年代范围的全部文献资料信息。每回溯一年的服务费为50元。

3. 日常信息检索服务：计算机信息检索属适量收费范围，上机费视不同数据库而不同：题录数据库1元／年，拷贝输出免费。期刊全文检索收费标准为0.5元／分钟，打印输出0.5元／页。

（三）举办文化活动

1. 举办"迎回归、颂中华"大型书展（1997年5月）

为喜迎香港回归，加强对学生的爱国主义教育，进一步推动宁夏大学精神文明建设，更好地为广大师生提供高品位、高质量的书籍，丰富校园文化生活，1997年5月16日，校图书馆、团委联合举办"迎回归、颂中华"爱国主义教育图书展（图2-78）。

图 2-78 "迎回归、颂中华"大型书展（1997 年 5 月）

---

① 综合.南校区图书馆实行全面开架借阅 [N].宁夏大学报，2001-12-31（1）.

② 宁夏大学信息服务部.信息服务项目简介 [N]宁夏大学报，1997-04-08（1）.

宁夏人民出版社、银川新华书店及其分店、外文书店等12家单位参加了书展，展销图书约两万册。

2. 举办"1997金秋图书节"（1997年9月）

1997年9月10日上午，在庆祝党的十五大胜利召开、迎接第十三个教师节之际，图书馆邀请宁夏人民出版社、银川市鼓楼新华书店、解放西街新华书店、新城新华书店、周末文汇书店、森林木书社等11家单位共同举办"1997金秋图书节"活动（图2-79、图2-80）。宁夏人民出版社和10家书店精选了2万余册图书，供广大师生选购。

图2-79　"1997金秋图书节"（1997年9月）

图2-80　李淑兰副馆长（右三）在图书节活动中（1997年9月）

3. 举办宁夏大学第三届校园文化书市（1998年5月）

1998年5月8—10日，图书馆举办了为期3天的宁夏大学第三届校园文化书市。宁夏人民出版社、银川市鼓楼书店等14家单位参加了书展。

图2-81　宁夏大学第五届科技文化书市（1999年5月）

4. 举办科技文化书市（1999年5月）

1999年5月，图书馆举办第五届科技文化书市（图2-81），宁夏人民出版社和银川市10余家单位参展，宁夏著名作家张贤亮、肖川、张武、余光慧、高耀山前来祝贺，并签名售书（图2-82）。

图 2-82 著名作家张贤亮签名售书（1999 年 5 月）

四、自动化、数字化、网络化建设

（一）图书馆局域网建设

1996年图书馆开始规划计算机局域网。

1997年图书馆试验组建 Windows NT 网络，信息技术部首先通过调制解调器拨号接入中国教育网宁夏大学节点。

1998年初图书馆接入学校校园网，正式建立网络机房。机房由信息技术部负责管理，并开始制作图书馆网站雏形。

（二）回溯建库

1999年图书馆引进深圳大学 SULCMIS Ⅲ图书管理系统。同年7月，在毛军副校长的支持、指导下，图书馆从校本部开始回溯建库工作（图2-83）。建库前制定了《宁夏大学图书馆回溯建库著录标准和规范》《操作工作流程》《岗位职责》等管理规范，保障了回溯建库工作有序进行和质量控制。

图 2-83 毛军副校长指导图书回溯建库工作（1999 年）
左起：陈晓波主任、毛军副校长

回溯建库前首先对三校区部分馆藏图书进行调整布局，实现全校文献资源的合理配置。其次，进行了较大规模的藏书剔除工作，以提高藏书质量，同时也可减少回溯建库中的无效劳动。整理待剔除图书5.8万余册，经过各学院教师代表审查，学校图书馆工作委员会讨论审定后予以剔除。

回溯建库采取承包制的办法，图书馆提出建库要求和验收标准，承包人按照要求严格履行相关制度和规范。建库用的计算机和网线从学校计算中心租用。这样既保证了回溯建库的质量和速度，又节约了经费。

在回溯建库的同时给图书加贴防盗磁条，在南校区试点时，图书馆党总支发动全馆党员和入党积极分子在星期日义务加班，结果比向学校承诺的时间提前几天完成任务①。

五、队伍建设

（一）馆员培训

1999—2001年，张宁、哈梅芳、潘英洁、芮海荣、王葵、黄昌海、李秀英、崔润新、史斌在大连理工大学、南开大学进修图书馆学、图书情报专业。

（二）业务比赛

2000年4月，图书馆举办"五一"业务技能大赛，全馆4个部门参加了此次比赛。办公室夺得冠军，流通部获得第二名。

（三）馆员风采（图2-84）

六、科研工作

（一）发表的论文和立项课题

通过《中国知网》检索，宁夏大学图书馆馆员1997—2001年发表期刊论文50篇。

图 2-84　参加全校庆祝中华人民共和国成立50周年大合唱（1999 年）领唱：赵铨

2001年，获得学校科研基金资助的项目有：邵晋蓉"教学信息分析比较研

---

① 李思源.宁大情怀 [M].银川：宁夏人民教育出版社，2018，8：134.

究"、张玉珍"21世纪电子文献与纸质文献的比较研究"（青年项目）。

（二）科研获奖

2001年，宁夏第八次社会科学优秀成果奖揭晓，孙方礼《宁夏社会化信息指数的量化研究与测算分析》获论文三等奖。

（三）出版著作

2000年8月，邵晋蓉主编的《知识信息采集与利用》由宁夏人民教育出版社出版（图2-85）。

图 2-85　《知识信息采集与利用》

七、党建及工会工作

（一）党建工作

1999年，叶华清、赵霞被评为宁夏大学"优秀共产党员"。

2000年，图书馆党总支有党员24人：李群发、张向东、卫传荣、胡敏、刘志军、崔秀荣、张文元、王葵、周群、潘英杰、海正忠、董湧、赵明、贾志宏、蒋伟霞、王俊英、孙燕、姜良好、邵晋蓉、武永久、郭建文、严利民、席跃文、范秀英。

党总支书记：李群发。

党总支副书记：张向东、卫传荣。

（二）工会工作

王艳常、孙方礼、张向红、崔秀荣、于淑琴、张宁玉、赵铨、周群等从事过图书馆分工会工作，孙方礼担任过分工会主席。

2000年，图书馆分工会被评为"宁夏大学工会先进集体"。赵明、张宁玉被评为"先进工会干部"。

八、获得的荣誉

（一）个人荣誉

1997年7月，在中国图书馆学会第五次代表大会上，原馆长王艳常荣获"中国图书馆学会先进工作者"称号。

2001年9月，在中国图书馆学会第六次代表大会上，张向东馆长荣获"中国图书馆学会先进工作者"称号。

（二）集体荣誉

1997年5月，图书馆被校党委、校行政授予"文明单位"荣誉称号（图2-86）。

1998年，图书馆被学校评为社会治安综合治理"达标先进单位"（图2-87）。

图2-86 图书馆被学校授予"文明单位"称号（1997年）

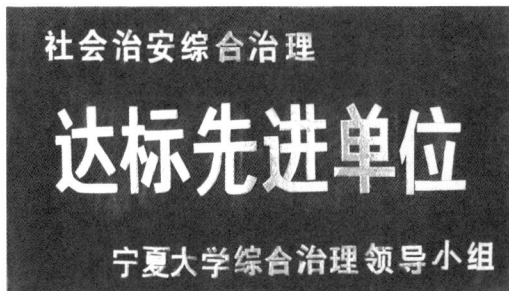

图2-87 社会治安综合治理"达标先进单位"（1998年）

九、协作与交流

（一）图书馆学会、高校图工委工作

1999年8月，教育部高等学校图书情报工作指导委员会成立，张向东馆长被聘为委员会委员（图2-88）。

（二）举办的会议

1997年11月13—14日，由宁夏高校图工委举办的宁夏高校图书馆第四

图2-88 张向东馆长聘书（1999年8月）

次学术研讨会在宁夏大学图书馆举行（图2-89）。宁夏高教学会秘书长、宁夏大学副校长刘世俊，宁夏教委高教处处长周学峰莅临大会开幕式并发表讲话。陈晓波提交的论文获得一等奖。

图 2-89　宁夏高校图书馆第四次学术研讨会（1997 年 11 月）
第一排左起：石新生、李群发、张贤、尚继军、周学峰、刘世俊、梁春阳、李淑兰、纳秀英、何金莲、张向东

2000年6月，宁夏高校图工委组织召开宁夏高校图书馆第五届学术研讨会（图2-90）。来自宁夏大学、宁夏农学院、宁夏医学院、西北第二民族学院等高校图书馆以及宁夏党校图书馆的领导和馆员参加了学术研讨会。

图 2-90　宁夏高校图书馆第五届学术研讨会（2000 年 6 月）
主席台左起：张向东（宁夏大学图书馆副馆长）、雒秀兰（宁夏教育厅副厅长）、王艳常（宁夏大学图书馆馆长）

（三）与上海交通大学图书馆的交流与合作

2001年6月，教育部启动"对口支援西部地区高等学校计划"，确定上海交通大学对口支援宁夏大学。11月1日，宁夏大学图书馆与上海交通大学图书馆、上海交通大学出版社签订了《对口交流合作协议具体实施备忘录（九）》《上海交通大学图书馆、宁夏大学图书馆馆际互借合作协议》等协议。相关协议明确，宁夏大学师生可以使用上海交通大学书目数据库及部分自建数据库；可通过馆际互借的方式获取上海交通大学学位论文全文；不定期开展人员互访、业务培训与交流等。

　　2001年11月，毛军副校长接待到宁夏大学访问的上海交通大学图书馆副馆长林浩民，并与林浩民及图书馆领导合影留念（图2-91）。

　　2001年12月，上海交通大学图书馆副馆长杨宗英教授应邀到图书馆指导工作，并为全区图书馆工作人员作了专题学术报告（图2-92）。

图 2-91　上海交通大学与宁夏大学对口交流合作签订仪式（左起：卫传荣、李淑兰、林浩民、毛军、张向东、胡敏）

图 2-92　杨宗英副馆长作学术报告（2001 年 12 月）左起：张向东馆长、杨宗英副馆长

第三章

新机遇　新发展（2002—2011）

2002年，随着宁夏大学和宁夏农学院合并，两校图书馆也合并成立新的宁夏大学图书馆；2004年宁夏大学被列入省部共建高校；2007年教育部对宁夏大学进行本科教学工作水平评估；2008年宁夏大学进入"211工程"重点建设高校行列。学校建设发展经历的这些重要事件对图书馆工作产生了重大影响。特别是2008年9月学校成为教育部"211工程"重点建设高校后，图书馆在2009年完成了《宁夏大学"211工程"图书文献信息服务保障体系建设》项目书。该项目书规划了在学校"211工程"三期建设中，图书馆在文献资源、软硬件基础条件和人才队伍等方面的发展目标和建设任务，成为引领图书馆向着现代化高校图书馆迈进的行动指南。

这一时期图书馆党政负责人有：

党总支书记：梁向明、孟云芳、田金明

党总支副书记：吴雪峰（正处级）、马志霞

图书馆馆长：卫传荣、梁向明、蔡永贵

图书馆副馆长：才波、张红燕、马健、门建新、郅秀丽

第一节　馆舍及组织机构

2002年8月，新建成的逸夫图书馆正式投入使用。为了满足全校师生利用新馆舍的迫切愿望，图书馆采取集中力量，搬好一个书库开放一个书库，布置好一个阅览室开放一个阅览室，受到师生的欢迎和好评。

2003年，为提高工作效率和理顺工作关系，对南校区图书馆进行部门整合：信息部与阅览部合并，流通部撤销还书处，其工作人员分流到各书库。

2004年9月，根据校党委部署，按照党委领导、职能处室协调指导、部门具体操作的程序，图书馆党政领导周密布置，制订了《宁夏大学图书馆2004年度科级干部竞聘方案》，对岗位设置、任职条件和岗位要求、竞聘及考核程序、组

织领导等提出明确要求。通过科级干部竞聘，12名新的科级干部走上工作岗位，图书馆科级干部任命如下：

综合部主任赵明、副主任张宁玉；采编部主任周群、副主任陆凤红；信息与技术服务部主任陈晓波、副主任张华；校本部流通部主任王利、副主任张宁；校本部阅览部主任严利民、副主任王小莉；南校区流通部主任蒋伟霞；南校区阅览部主任乔春英。

2009年，按照学校"按需设岗、竞聘上岗、按岗聘任、合同管理"的原则，图书馆首次实施全员岗位聘任。根据《宁夏大学岗位设置与首次聘任工作实施方案》相关规定，图书馆制订了《图书馆岗位设置与聘任工作实施方案》和《图书馆专业技术岗位首次聘任实施细则》，成立了"图书馆岗位聘任领导小组"和"图书馆人事劳动争议调解小组"，严格按照聘任工作程序，完成了全馆职工的岗位设置与首次聘任工作。

2010年3月15日，宁夏大学第二图书馆（现文萃图书馆）正式投入使用。现代化的逸夫图书馆和第二图书馆的建成和使用，使图书馆的现代化功能得以充分发挥，新的服务模式和服务理念逐步得以实现。

2010年，根据三校区图书馆功能布局的调整和实际工作需要，图书馆对其内设机构做了相应调整，将原南校区流通部、阅览部合并成立金凤校区图书馆流通阅览部，将C校区（现文萃校区）理工科图书馆调整为文萃图书馆流通阅览部。内设机构的调整极大提高了图书馆的管理效益及服务水平。

一、逸夫图书馆

1. 逸夫图书馆建成及使用

2002年8月，学校利用邵逸夫捐款项目建设的总面积为18 381平方米、设计藏书架位120万册的逸夫图书馆（图3-1）正式投入使用。

逸夫图书馆是香港电视广播有限公司董事长、香港邵氏影视公司董事长邵逸夫先生捐资600万元港币和自治区人民政府共同投资兴建的。自治区党委书记毛如柏对此十分关心，自治区政府主席马启智、副主席刘仲曾召开专门会议研究建设的具体事宜。学校领导也十分重视，专门成立了项目领导小组。

图 3-1　逸夫图书馆（2002 年 8 月投入使用）

逸夫图书馆富有现代化气息的外形、宽敞明亮的阅览室和书库、方便读者的藏书布局以及融会中西文化象征和贴近自然的大厅布置，为宁夏大学校园增添了一抹靓丽。馆舍题名"逸夫图书馆"由时任宁夏大学党委书记、校长陈育宁教授题字。

逸夫图书馆的建成及投入使用，使图书馆在藏书条件、服务环境、现代化设备等基础设施建设等方面较之过去发生了根本性的变化，同时也促使图书馆的服务水平和管理水平不断提高。

逸夫图书馆藏书70余万册，有普通阅览座位2 740个、电子阅览室机位70个。馆内设置办公室、采编部、流通部、阅览部、信息服务部、技术部等6个部门。馆内7个书库实现了"藏、借、阅一体化"服务。设有报刊阅览室、过刊阅览室、电子阅览室、工具书室和自修室。书库及阅览室面向全校师生全面开架服务。周开馆时间为92小时。随着计算机等设备设施的配备以及局域网的建成，图书馆全面实现了计算机管理与服务（图3-2～图3-5）。

图 3-2 书库一角

图 3-3 报刊阅览室

图 3-4 电子阅览室

图 3-5 自修室

逸夫图书馆土建项目完成后，学校筹集545万元作为后期建设的配套资金，主要用于购置藏书、阅览家具和现代化设备。

2002年8月，学校为逸夫图书馆修建纪念碑一座（图3-6），宁夏大学王茂福教授撰写《逸夫图书馆记》（图3-7）。

图 3-6 逸夫图书馆纪念碑
（张向东设计、郝德欣监制）

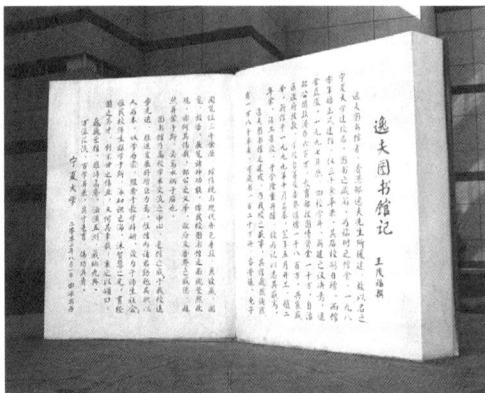

图 3-7 《逸夫图书馆记》
王茂福撰、田冰书

2003年5月，逸夫图书馆配置中央空调解决夏季书库和阅览室炎热的问题；同年7月，逸夫图书馆正门加装门斗，起到防冷和防沙尘的作用；征集到宁夏圣雪绒国际集团有限公司捐赠的西洋雕塑《掷铁饼者》（图3-8）、《思想者》和《阿波罗和达芙妮》3座，以此优化美化馆内外环境。

图 3-8 《掷铁饼者》大理石雕塑

逸夫图书馆记

逸夫图书馆者，香港邵逸夫先生所援建，故以名之。宁夏大学建校后，图书之藏阅，为临时之馆舍。一九八零年始正式建馆，仅三千余平方米。其后规模日增，而馆舍益隘。一九九七年底，四校合并，新建之议决焉。适邵公捐款港币六百万，教育部拨国债资金一千万，自治区政府拨款、学校自筹及各界捐赠一千八百万，共襄盛举。新馆于一九九九年十月奠基，翌年五月开工，越二年余，诸工告竣，于今隆重开馆，故为记以志其盛焉。

逸夫图书馆之建成，乃宁夏大学之盛事。其馆巍然泱然，有一万八千平方米，可藏书一百二十万册，容普通、电子阅览位三千余座，综传统与现代各色手段，兼收藏、阅览、报告、展览诸种功能，俾宁夏大学图书馆之面貌焕然改观，亦何其伟哉！邵公之义举、政府及各界之盛德，赫然并聚于斯，亦为永炳于后也。

图书馆乃高校学术交流之中心。是馆之成，于宁夏大学追步先进，推进发展将增巨力焉。惟馆内诸君勤勉其职，以人为本，以学为宗，服务于教学科研，效力于师生社会；惟宁夏大学师生探学于斯，泳知识之海，沐智慧之光，育经国之英才，创不世之伟业，又何其幸哉！

系之以颂曰：

巍巍宏馆，雄峙高骞。涵潢五洲，藏纳九典。

万派汇流，百学并兼。英才是育，伟功具焉。

宁夏大学

二〇〇二年八月一日

2003年10—11月，教育部专家小组对邵氏基金赠款第十三批大学项目的所有工程进行实地考察评估，认为宁夏大学逸夫图书馆工程设计合理、构思新颖、工程质量好、管理到位，在浙江大学、武汉大学等15所大学的邵氏基金赠款项目评比中获得一等奖。

2002年8月，在逸夫图书馆开放后，为适应现代化图书馆管理的需要，图书馆修订各项规章制度，增加了手工服务时所没有的规章，如图书计算机借还制度、电子阅览室管理制度，制定了严格的物业管理制度。规章制度包括岗位职责、管理制度与办法、业务工作细则等共29项。完善的规章制度保证了逸夫图书馆科学化管理和人性化服务。

二、原宁夏农学院图书馆并入宁夏大学图书馆

2002年，宁夏大学与宁夏农学院合并。2003年学校做出原农学院提前搬迁的部署后，图书馆在认真调查研究的基础上制订了细致周密的搬迁方案。搬迁工作从暑假开始，在图书下架打包、搬运、建立数据库、库容整理到图书倒架、上架等繁重的工作中，充分展示了图书馆馆员吃苦耐劳、甘于奉献的工作作风和精神风貌。根据学校各学院分布情况，原农学院图书馆部分经济类和文学类图书调至南校区图书馆，其他图书并入逸夫图书馆。在图书搬迁完成后，原农学院图书馆工作人员按照部门合并的原则，安排到逸夫图书馆各部门。

原农学院图书馆合并到宁夏大学图书馆后，新的宁夏大学图书馆由两部分组成，逸夫图书馆和南校区图书馆。南校区图书馆为其校区内的政法学院、经济管理学院、教育科学学院、美术学院、音乐学院以及成人教育学院提供文献信息服务。

三、宁夏大学第二图书馆（现文萃图书馆）

2007年，根据自治区"十一五"规划和宁夏大学"十一五"建设规划，学校启动建设宁夏大学图书实验综合楼（其中包括1.6万平方米的宁夏大学第二图书馆）。同年3月29日，图书实验综合楼项目开工，自治区政府副主席刘仲参加项目启动大会并致辞。

第二图书馆（图3-9）位于文萃校区，2010年3月正式投入使用，馆舍面积1.6万平方米，其馆藏由逸夫图书馆调拨的理工科及农学生物类书刊组成。开馆时收藏理工科及农学生物类图书21万余册、中文期刊合订

图3-9 宁夏大学第二图书馆（2010年3月使用）

本1.7万册、现刊700余种以及报纸40余种。第二图书馆提供书库、报刊阅览室、电子阅览室、培训室、自修室等服务，阅览座位1 920多个。另专设休闲与交流区，为读者开展学术交流提供场所。特别是电子阅览室（150台计算机）为读者使用数字化文献信息资源提供便利（图3-10~图3-13）。

第二图书馆的建成和使用，有效缓解了逸夫图书馆阅览及藏书空间不足的问题，同时为读者提供多形式、多层次的服务创造有利条件。

图 3-10　图书馆出入大厅

图 3-11　休闲区一角

图 3-12　电子阅览室

图 3-13　书库兼阅览（自修）室

第二节　文献资源建设

针对逸夫图书馆藏书不足的问题，学校决定面向社会各界为逸夫新馆公开征集图书；在2007年教育部对宁夏大学进行本科教学水平评估前，宁夏大学与宁夏图书馆签订文献资源共享合作协议。图书捐赠及文献资源共享合作，使图书馆更好地满足了师生的文献需求。

随着电子化、网络化发展，图书馆自2006年开始通过网上荐购等方式，使所购图书更贴近读者需求，并缩短了文献订购周期。

一、纸质文献资源

（一）图书捐赠

1.逸夫图书馆图书捐赠

由于学校经费不足，难以在逸夫图书馆开馆后及时充实各类文献和必需的设备。2002年8月，在校党委书记、校长陈育宁的提议下，逸夫图书馆公开向社会各界征集捐助，寻求宝贵的支持。

由毛军副校长带队，图书馆相关人员走访宁夏作家协会、宁夏圣雪绒国际企业集团有限公司等单位，拜访宁夏作家协会主席张贤亮等知名人士。通过向区内外相关单位及个人寻求捐赠，图书馆得到现金加实物（图书、计算机等）折合现金共约120万元。其中，宁夏籍台胞、台湾成功大学教授徐振华先生率子女捐款2 000美元。图书馆为捐赠者制做了《捐赠名录》（图3-14）。

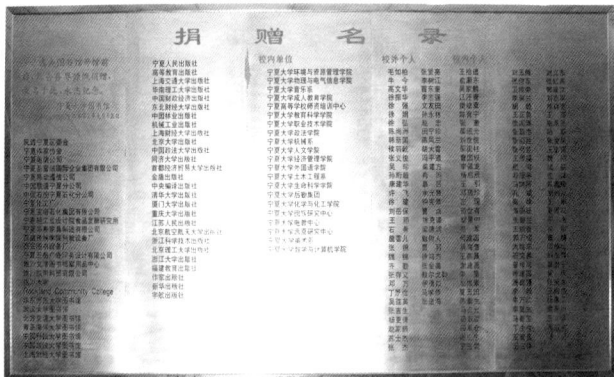

图3-14　逸夫图书馆开馆《捐赠名录》

2. 宁夏人民出版社赠书

2002年2月26日，宁夏人民出版
社捐赠图书仪式（图3-15）在宁夏
大学举行。宁夏人民出版社捐赠图
书1 210册，价值人民币39 000元。校
党委书记、校长陈育宁在捐赠仪式
上发表讲话，代表全校师生向宁夏
人民出版社表示感谢。

3. 宁夏作家协会主席张贤亮赠书

在毛军副校长的带领下，图书
馆工作人员前往银川镇北堡影视基
地拜访宁夏作家协会主席张贤亮（图
3-16）。张贤亮主席将其出版的自选
集五套35册逐册签名后赠予宁夏大
学图书馆。

4. 宁夏作家协会赠书

2003年9月18日，宁夏作家协会
领导肖川、余光慧、荆竹等一行8人

图3-15 宁夏人民出版社向宁夏大学捐赠
图书仪式（2002年2月）

图3-16 拜访宁夏作家协会主席张贤亮
（2002年4月）
左起：张红燕、张向东、张贤亮、毛军、田
美琳（人文学院教授）

代表宁夏作家协会向图书馆捐赠图书。在捐赠仪式上，3位作家为400余名人文
学院新生作了"人生与创作"的讲座。

5. 上海交通大学出版社赠书

在上海交通大学图书馆的联系下，上海交通大学出版社为宁夏大学图书馆
捐赠图书5 498册，总价10万元人民币。

其他主要捐赠单位还有：民进宁夏区委会、宁夏电信公司、华东师范大学
图书馆、武汉大学图书馆、高等教育出版社、华南理工大学出版社、上海财经
大学出版社、江苏人民出版社等。除图书外，还有设备设施等实物捐赠，如西

藏民族学院科教设备厂向逸夫图书馆捐赠了15张价值1万元的阅览桌。

6.《中华再造善本》赠书

2005年2月22日，教育部发布《关于实施〈中华再造善本〉进校园计划的通知》（教社政司函〔2005〕35号），为全国100所高校各配备一套价值200万元的《中华再造善本》，宁夏大学是受赠高校之一（详见第五章第一节）。

逸夫图书馆投入使用后，图书馆更加重视宁夏大学研究生学位论文、宁夏大学教职工著作的收集和整理。2011年5月10日，图书馆与学校研究生院联合发布《关于向学校图书馆提交硕、博士学位论文的通知》，图书馆收集研究生学位论文的纸质版和电子版更加制度化。

截至2009年底，全校共有纸质文献131万余册，其中，图书馆藏书99万余册，各学院资料室藏书32万余册。

（二）专项经费购书

2008年，在购书经费紧张的情况下，图书馆多方争取经费购买了《中国藏西夏文献》《中国回族文物》等珍贵特色文献。

2011年，图书馆与南校区高等职业技术学院合作，该学院投入12万元购买专业图书以满足学院师生的学习需求，这些图书纳入图书馆藏书系统。

（三）图书剔除

对原宁夏大学、宁夏工学院、宁夏教育学院（含银川师专）、宁夏农学院五馆合并中复本过多、破旧影响使用的6万余册图书进行清理、造册，经学校图书馆工作委员会审定后，对这些图书做了剔除处理。

二、电子文献资源

1999年和2000年，宁夏大学图书馆联合宁夏医学院图书馆、西北第二民族学院图书馆分别引进《Springer-Link 电子期刊全文数据库》和《中国期刊网（CNKI）全文数据库》。此后多年中，3所高校图书馆一直采用联合引进的方式购置这两种中外文期刊全文数据库，为所在高校的读者提供电子期刊服务。

2004年9月，图书馆接受北大方正公司赠送的1 001种（3 003册）方正阿帕比电子图书及方正电子资源管理平台软件一套，这是图书馆首次利用电子图书为师生的教学、科研和学习提供服务。

截至2006年底，图书馆有网络版数据库6个和单机版数据库3个。网络版数据库有：《中国知识资源总库》（包括《中国期刊网全文数据库》《中国优秀博、硕士学位论文全文数据库》《中国重要报纸全文数据库》《中国重要会议论文全文数据库》）《Springer-Link 电子期刊全文数据库》《方正 Apabi 数字资源平台》《中西文期刊联合目录》《国家科技图书文献中心（NSTL）》和《中国科技期刊题录文摘库》。单机版数据库有：《全国报刊索引题录数据库》《人民日报全文光盘数据库》和《复印报刊资料索引数据库》。

2010年，图书馆招标采购超星电子图书60万种、"超星名师讲坛"学术视频讲座1 600集，进一步丰富了电子文献的品种和数量。从2010年开始，读者使用本人的校园统一身份认证账号，通过 VPN 工具，利用计算机、平板电脑、手机等终端，可以在校外访问图书馆的各种数字资源。

2011年，中央财政支持地方高校专项资金项目——"宁夏大学数字图书文献信息服务保障体系建设"获批，图书馆获得经费250万元，为今后的数字文献资源建设取得重要的经费保障。

三、文献资源共享合作

为促进文献资源共知、共建、共享，拓展公共图书馆在高校的服务空间和更好地为地方经济建设、科研和教学服务，2006年9月27日，宁夏大学与宁夏图书馆文献资源共享合作协议签字仪式在宁夏大学举行（图3-17）。

图3-17　文献资源共享合作协议签字仪式（2006年9月）
前排左起：卫传荣馆长、丁力馆长（宁夏图书馆）
后排左三：孟云芳书记（图书馆）

图 3-18 宁夏图书馆第三阅览室牌匾
（2006 年 9 月）

自治区政协副主席、宁夏大学党委书记、校长陈育宁，宁夏文化厅党组书记、厅长李克强出席签字仪式，签字仪式由许兴副校长主持。卫传荣馆长与宁夏图书馆丁力馆长签署了《宁夏大学与宁夏图书馆文献资源共享合作协议书》《在宁夏大学设立宁夏图书馆第三阅览室的合作协议书》等文件，宁夏图书馆第三阅览室（图3-18）落户逸夫图书馆4楼，该阅览室向宁夏大学师生提供阅览图书4万余册。

第三节 读者服务

一、馆藏布局调整

2006年，美术学院搬迁到贺兰山校区后，南校区图书馆1万余册美术类图书搬迁到逸夫图书馆。

随着图书实验楼及文科大楼的启用，学校文科学院在地理分布上发生较大变化，为教学科研提供文献服务的图书馆也要进行相应的调整。2009年，随着南校区经济管理学院、政法学院、教育科学学院搬迁至贺兰山校区文科大楼（现文荟楼）以及第二图书馆的投入使用，在充分调研和反复论证的基础上，图书馆领导决定对图书馆整体功能布局做重大调整，确定"三馆并立，各有侧重"的布局方案。逸夫图书馆为图书馆一馆，定位为文科图书馆；文萃校区图书馆为图书馆二馆，定位为理工农科图书馆；南校区图书馆为图书馆三馆，服务于南校区学院的师生。

图书馆一馆、二馆、三馆的功能定位和藏书情况如下。

（一）图书馆一馆（图3-19），即校本部B区（现怀远校区）逸夫图书馆，提供人文社科类图书及报刊资料服务。一馆仍作为中心馆和行政办公区所在地，负责订购、分编和加工其他各馆的图书、期刊等文献，开展用户教育、文检课教学、信息咨询服务，维护各类中外文数据库和自动化管理系统等。一馆收藏纸本图书63万余册，现刊991种，报纸43种。

（二）图书馆二馆（图3-20），即校本部C区（现文萃校区）图书馆，提供理学、工学、生物、农学及相关学科的图书及报刊资料服务。二馆收藏纸本图书21万余册，现刊698种，报纸30种。

（三）图书馆三馆（图3-21），即南校区图书馆（金凤校区图书馆），提供文学、历史、地理、经济、政治等人文社科专业的图书及报刊资料服务，收藏纸本图书15万余册，现刊92种，报纸13种。

图 3-19　图书馆一馆（"图书馆"由宁夏作家协会主席张贤亮题字）（2010 年）

图 3-20　图书馆二馆（2010 年）

二、基本服务

（一）书刊借阅服务

2003年，逸夫图书馆图书和期刊借阅实现了全面开架服务，读者到馆人数及图书借阅量大幅度提高，平均每天到馆读者3 600多人次，仅过刊阅览室日接待读者人数就达900余人次。

2003年图书馆借书311 594册，

图 3-21　图书馆三馆（2010 年）

其中校本部242 212册，南校区69 382册；还书301 495册，其中校本部235 551册，南区65 944册。校本部的借阅量是新馆搬迁前的5倍，南校区9月完成部门整合后，图书借阅量是2002年同期的6.7倍。

自2003年开始，《宁夏大学图书馆读者规则》编入《宁夏大学学生手册》。图书馆每年更新内容，新生入学后人手一册《宁夏大学学生手册》。

自2005年开始，图书馆开通逸夫图书馆与南校区图书馆的图书"通借通还"服务。

（二）读者座谈会

图书馆每年定期召开读者座谈会（图3-22、图3-23），广泛收集读者（教师与学生）对图书馆在文献资源建设与管理、读者服务等方面的意见和建议。将收集到的意见和建议梳理后，反馈到相关部门，以此提高服务质量和水平。

图 3-22　才波副馆长（前排左一）主持学生读者座谈会（2004 年 4 月）

图 3-23　才波副馆长主持教师读者座谈会（2009 年 11 月）

三、学科服务

学科服务是一项开拓性的主动参与式创新服务，学科馆员深入到用户的科研或教学活动中，为用户的教学和科研提供针对性强的信息服务。学科服务包括文献资源支持服务、信息素养支持服务、科研支持服务3个方面。自2007年开始，图书馆尝试实行学科馆员制度，利用本馆相对丰富的信息资源，为学校部分学位点和自治区重点学科提供学科服务。

（一）文献资源服务（馆际互借 / 文献传递）

根据师生对文献资源的特殊需求而开展的文献信息服务。自2004年以来，图书馆先后与上海交通大学图书馆、国家科技图书文献中心（NSTL）、中国科学院资源环境信息中心、中国科学院文献情报中心等机构合作，通过网络为读者提供图书馆缺藏的文献信息服务。2009年，增加了与山东大学图书馆开展文献传递的渠道。2009年通过 CASHL（中国高校人文社会科学文献中心）传递文献3 008篇，文献传递量位居西北五省（区）高校馆第一、全国高校馆第七，得到 CASHL 的表彰。

（二）信息素养教育

包括新生入馆教育、文检课教学、信息素养讲座等方面。

1. 新生入馆教育

新生入馆教育是图书馆长期开展的一项培训工作，迁入逸夫图书馆后，图书馆采用统一的教学课件对新生开展入馆培训讲座，覆盖面达到90％以上。2003年首次对新入学的研究生进行入馆教育，对文科类研究生开展线装古籍利用的培训。

2. 文检课教学

1997年四校合并后，除了化学化工学院一直保留文检课课程外，其他学院停止该课程，课程被调整为全校任意选修课。2002年与原宁夏农学院合并后，各学院又逐渐开设针对本专业的文检课。

课程内容也由原来单一的文检课拓展到网络信息资源利用、经济信息分析等课程，并开始为研究生开设专业文献信息检索课程。

2003年底，图书馆组织信息服务部5名多年从事文检课教学的教师，经过一年多的努力，完成通用文检课教材《文献信息方法论》（图3-24）编写

图 3-24　《文献信息方法论》

工作。该书于2005年2月由机械工业出版社出版，出版后先后在化学化工学院、生命科学学院、物理电气信息学院、资源环境学院等教学单位投入使用。

2009年，图书馆为4个学院近800名学生开设了文检课；2011年承担了20个班的文检课教学任务，学生人数近1 000人。

3. 信息素养讲座

（1）信息素养培训

图 3-25　陈晓波作"社会科学文献信息"讲座（2007 年 3 月）

图书馆多年坚持深入各学院为教师及研究生进行文献信息利用讲座（图3-25），以此提高师生的信息素养。

（2）数据库使用培训

除信息素养培训外，数据库宣传与培训是信息素养教育的重要内容。在常规数据库使用培训外，2010年9月16—17日，图书馆与中国高等教育文献保障系统（CALIS）联合举办了大规模国外数据库试用与培训活动，李星副校长参加开幕式（图3-26），清华大学图书馆杨毅副馆长出席活动并讲话（图3-27）。

图 3-26　李星副校长出席开幕式（2010 年 9 月）

图 3-27　清华大学图书馆副馆长杨毅出席开幕式（2010 年 9 月）

　　这次国外数据库试用与培训活动旨在帮助广大师生了解国外数据库资源，为今后有效地利用这些数据库资源，提高教学和科研水平提供帮助。培训活动分别在逸夫图书馆和数学计算机学院等7个教学单位举行了23场国外数据库专题讲座，听众3 175人次，是近年来参加数字资源培训场次和人数最多的一次，受到广大师生的好评。

　　（三）科研支持服务

　　2011年，图书馆承担了宁夏教育厅的科研立项查新12项，有9项获得立项。这些工作为图书馆申请教育部科技查新站做了积累。

　　四、文化及学术交流活动

　　从2002年9月开始，学校为了进一步深化思想政治工作，促进先进文化与校园文化相融合，开展了"文化名人进校园"活动，这项活动在逸夫图书馆学术报告厅举办，受邀请的文化名人有张贤亮、张学东、杨洪涛等。此外，图书馆与学校学术期刊中心联合举办"读书论坛"报告会（图3-28）。这些活动让学生与区内外成功人士进行零距离对话，使学生开阔了视野，丰富了知识，提升了思想、精神境界和文化内涵，同时也使逸夫图书馆的文化和学术氛围更加浓厚，图书馆成为学校重要的学术活动和文化交流活动中心。

图3-28　校党委书记、校长陈育宁教授作"读书论坛"第一讲——生命的另一半：漫谈精神生活中的读书（2007年5月9日）

第四节 自动化、数字化、网络化建设

一、图书馆局域网建设

随着学校网络化建设的加快，图书馆在2005年9月实现了与校园"一卡通"的对接。图书馆局域网与校园网、中国教育科研网等网络互连，校园网主干采用千兆传输，馆内局域网百兆交换到桌面，构建了宁夏大学图书馆基础网络平台。

1999年引进深圳大学图书馆开发的SULCMIS III图书管理系统，图书馆完成了机房装修和综合布线，使局域网建设进入了实质性发展阶段，并为2002年逸夫图书馆搬迁后图书馆局域网的快速发展奠定了基础。

2002年6月，图书馆从原有馆舍搬迁至逸夫图书馆，图书馆机房也搬迁到逸夫图书馆二楼，由信息与技术服务部负责管理。当年9月在逸夫图书馆全面展开自动化、网络化建设。2002年下半年，图书馆开始规划建设电子阅览室，地址在逸夫图书馆二楼东南角，使用面积约1 000平方米，设有机位100个。除了逸夫图书馆外，图书馆还在南校区和北校区设有电子阅览室。南校区电子阅览室260平方米，机位54个；北校区电子阅览室面积120平方米，机位56个。三校区电子阅览室的计算机均为2002、2003年购入或接受捐赠的清华同方和浪潮品牌计算机。

二、图书馆自动化管理系统

SULCMIS III图书管理系统的引进使图书馆网络化和自动化管理迈上新水平，图书及期刊的采访、编目、流通、典藏和公共查询等工作由传统的手工操作转向自动化、网络化管理，极大提高了图书馆服务的质量和效率。

2008年5月，图书馆组织校内专家及各部门负责人召开"汇文图书管理系统"论证会，组织专业技术人员及部主任赴北方民族大学图书馆考察汇文图书管理系统。在此基础上向学校提出更换现有的SULCMIS III图书管理系统的申请。2008年7月，图书馆正式引进江苏汇文软件公司开发的图书集成管理系统LIBSYS 3.5。在汇文公司技术人员的配合下，图书馆完成了由SULCMIS III向LIBSYS系统数据迁移的工作。

2010年，图书馆招标采购服务器、服务器机柜、光纤磁盘阵列、2小时在线UPS不间断电源、计算机以及"研究生学位论文提交系统""分布式虚拟联合目录查询系统"和"随书光盘网上发布系统"等硬件设备和软件系统，改善了图书馆自动化建设的软硬件条件。

在学校的大力支持下，图书馆购置了4台HP DL580 G5服务器及容量为20TB的硬盘阵列。在新购设备的基础上，开始探索使用VMware虚拟化平台。

2011年，学校为图书馆招标采购计算机250台、扫描仪2台，进一步完善了图书馆电子文献服务环境和数字化加工设备。

三、图书馆网站

图书馆网站是图书馆对外服务的门户和窗口，也是学校文献信息服务的主要通道。2004年，技术部完成了图书馆第二版网站（图3-29）的设计制作，并正式上线运行。

2007年，为了配合学校本科教学工作水平评估，图书馆对网

图3-29　图书馆第二版网站（2004年）

站进行了改版设计，2008年2月正式上线运行。此为图书馆第三版网站（图3-30）。

2007年，图书馆在SULCMIS III系统下实现了全校文献资源共建共享的基本格局。在该系统中，可以检索到图书馆73万余册中文图书，4万余册英文图书，7万余册中文期刊合订本。政法学院、经济管理学院、化学化工学院、教育科学

图3-30 图书馆第三版网站（2008年）

学院等10余个院（所、中心）资料室已建库的6万余册图书，也实现了网上查询。

四、回溯建库

1. 图书回溯建库

自1999年8月—2002年底，图书馆历时4年完成了原宁夏大学、原宁夏工学院、原宁夏教育学院（含银川师专）四校图书馆的图书回溯建库工作，共计50余万册中文普通图书和3万余册英文图书。

自2003年6月起，对王太校区图书馆（原宁夏农学院图书馆）中外文图书开展回溯建库工作。经过暑假20多天的工作，完成55 182册中文图书、8 567册英文图书的建库任务。

2. 期刊合订本回溯建库

2004年完成逸夫图书馆和南校区图书馆7万余册期刊合订本的建库工作，2005年实现了中文期刊合订本计算机外借服务，期刊合订本从封闭管理到开放借阅又是一个重要突破。2005年开始对现刊采用计算机管理。

2005年2月，"宁夏大学图书馆馆藏书刊回溯书目数据库建设"获宁夏大学教学成果三等奖（图3-31）。

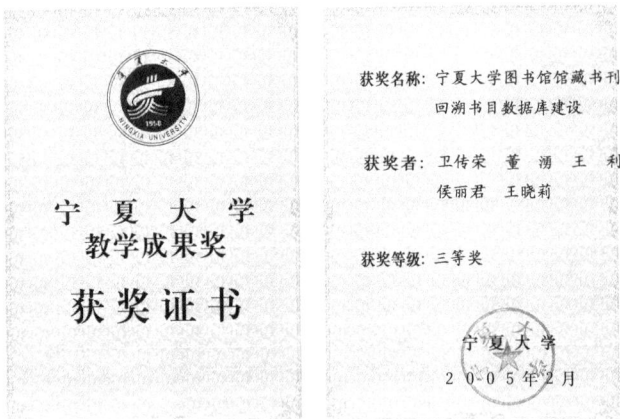

图3-31 "宁夏大学图书馆馆藏书刊回溯书目数据库建设"获奖证书（2005年2月）

第五节　迎接教育部本科教学工作水平评估

在高校扩招合并办学后，为加强对本科教学质量的监督，教育部启动高校本科教学工作水平评估工作，即由高校管理专家组成评估组，按照统一的指标体系，对一所高校的本科教学进行全面、系统的检查评估，划出等级、提出整改要求，目的是以评促改、以评促建，提高本科教学工作水平，提升本科教学质量。

根据教育部办公厅印发的《关于对全国592所普通高等院校进行本科教学工作水平评估的通知》（教高厅〔2003〕9号），教育部计划于2007年对宁夏大学进行第二次本科教学工作水平评估。[①]

一、"迎评"前的准备

2007年是学校本科教学工作水平评估年，"迎评促建"是学校的中心工作，也是图书馆的中心工作，学校党委明确提出学校要在2007年本科教学工作水平评估中达到优秀等级的目标。为做好"迎评促建"工作，图书馆在2006年提出工作中"树立五种理念，实现三个转变"。五种理念是：读者第一的理念、服务育人的理念、文明规范服务的理念、工作学习化－学习工作化的理念、以人为本的科学管理理念。三个转变是：由单一形式的服务向综合性服务发展的转变，由信息服务向多元化方向发展的转变，由被动服务、随机性服务向主动性服务、规范化服务方向发展的转变。"五种理念""三个转变"对优化服务质量，端正服务态度，提高服务能力起到了很大的推动作用，涌现出一批敬业爱岗、服务读者的文明岗位和服务群体，为图书馆评优奠定坚实基础。

学校于2007年9月12日组织召开了本科教学工作水平评估动员大会。图书馆

---

① 第一次评估是2002年11月12—15日，宁夏大学接受教育部本科教学工作随机评估，评估结论为"良好"。

随后召开全馆职工动员大会，按照学校要求的"以评促建、以评促改、以评促管、评建结合、重在建设"20字方针，认真开展各项准备工作。

二、自评方案的确定及迎评材料的准备

图书馆按照学校工作安排，对评估指标体系进行分解，明确了图书馆在评估中的工作任务和工作要求，制定了自评工作方案，将材料准备任务落实到相关部室。

在材料准备的基础上，首先制定了《宁夏大学图书馆评估材料汇总提纲》，

图3-32 《图书馆规章制度》
（2007年6月）

让各部门认领工作任务。组织馆员反复学习评估指标体系及学校自评报告；不断完善图书馆的自评报告。

其次，完善了图书馆各项规章制度。为了更好地迎接2007年学校本科教学工作水平评估，图书馆在2006年4月启动了规章制度全面修订工作。新修订的《图书馆规章制度》（图3-32）含业务工作及管理制度共计69项（原规章制度29项）。全面系统的规章制度进一步保障了图书馆管理的科学化和规范化运行，也为迎接2007年学校本科教学工作水平评估奠定了基础。

三、完成《宁夏大学图书馆本科教学水平评估自评报告》

根据《普通高等学校本科教学工作水平评估指标和等级指标》的划分，图书馆以一级指标"教学条件与利用"、二级指标"教学基本设施"为主要观测点，从"生均图书和生均年进书量""图书馆管理手段""图书馆使用效果""图书馆教育职能和信息服务职能"等方面将近3年来的情况进行自评。《自评报告》分为图书馆基本情况、文献资源建设、网络管理和服务、读者服务工作、加强队

伍建设及重视科研工作、图书馆白评结果6个部分。

四、迎接教育部专家组考察、评估

教育部专家组到图书馆实地考察，听取馆领导汇报（图3-33）。陈育宁书记陪同教育部专家组组长、中山大学副校长陈春声教授参观图书馆特色馆藏（图3-34）。

图 3-33　卫传荣书记向评估专家汇报工作
（2007 年 9 月）

图 3-34　教育部专家参观图书馆特色馆藏
（2007 年 9 月）

2008年3月，教育部本科教学工作水平评估专家委员会全体委员会议确定：宁夏大学本科教学工作的评估结论为优秀。图书馆在学校本科教学工作水平评估中做出了应有的贡献。在这次本科教学工作水平评估中，才波副馆长和办公室赵明主任被学校评为先进个人。

第六节　队伍建设

一、充实馆员队伍

图书馆接收3名具有硕士研究生学历的人员到图书馆工作，接收7名复转军人到馆工作。

2008年，图书馆制定招聘人员考核方案，通过考核、面试等工作，对7名应聘人员进行招聘，这是图书馆再次以招聘的方式补充馆员队伍。经过严格选拔，1名硕士研究生被录用。

二、通过学历教育及培训提高馆员业务素质和能力

为提高馆员业务素质和能力，特别是适应以计算机技术为核心的现代化图书馆管理需要，在学校的支持下，图书馆选派馆员到天津、大连等地参加图书馆学专业进修；鼓励馆员积极报考在职大专、本科、研究生学位教育，以改善馆员学历层次及结构；选派馆员参加本地各种图书馆专业培训班。

1. 积极鼓励和倡导馆员业余时间完成学位教育

2004年6月，卫传荣、严利民获得香港中文大学教育学硕士学位；2004年6月，陆凤红获得华侨大学管理学硕士学位；2005年5月，贾志宏、武永久获得陕西师范大学文学硕士学位；2007年9月，受宁夏党委组织部委派，张红燕赴美国伊利诺伊大学芝加哥分校学习，获得工商管理硕士学位；2008年，来晓玲在宁夏大学马克思主义学院学习，获得法学硕士学位，等等。

2. 选派馆员参加图书馆干部进修班学习

2002—2005年，李燕、廖云、徐红、黄芳、李伶凛、张丽先后在大连理工大学图书情报专业干部进修班学习；王梅兰在南开大学进修图书馆学专业。

3. 安排馆员参加图书馆学专业学习

2003年，5位馆员参加兰州大学图书馆举办的"世界银行贷款高等教育发展项目"西部高校图书馆现代化管理示范与培训；2008—2011年选派馆员参加宁夏高校图书馆馆员业务培训班；2009年7月组织10余名馆员参加中图图书馆学会志愿者行动——宁夏地区图书馆馆长及业务骨干培训班（图3-35）；2010年安排3名馆员参加宁夏图书馆学会主办的古籍普查培训班等。

4. 根据与上海交通大学图书馆签订相关协议，图书馆选派馆领导、部主任以及业务骨干在上海交通大学图书馆参加短期进修或为期半年的业务交流学习。

图 3-35　参加中图学会志愿者行动——宁夏地区图书馆馆长及业务骨干培训班（2009 年）

三、岗位监督

2004年，图书馆在服务窗口设置"岗位监督栏"，工作人员挂牌上岗，接受读者监督，实行服务态度一票否决制。通过学习《中国图书馆员职业道德准则》，要求馆员强化服务意识，提升图书馆形象。2004年，图书馆成立采编质量检查小组、书刊管理检查小组、物业及安全检查小组，每学期对采编质量、图书乱架率和丢失率、物业管理进行检查，以此提高工作水平和业务质量。

四、举办和参与活动提升馆员素养

2004年10月，图书馆举办"我与图书馆"演讲比赛，获奖名单见表3-1。

表 3-1　"我与图书馆"演讲比赛获奖名单

姓　名	奖次	姓　名	奖次
史　斌	一等奖	李静娟	鼓励奖
梁晓瑾	二等奖	张志华	鼓励奖
贾志宏	二等奖	来泽荣	鼓励奖
潘英洁	三等奖	蒋伟霞	鼓励奖
武永久	三等奖	陈冬梅	鼓励奖

2005年9月，组织馆员参加宁夏高校图工委举办的"我的图书馆情缘"演讲比赛，我馆有5人参加，史斌获得一等奖，梁晓瑾获得三等奖，我馆获得优秀组织奖。两次演讲比赛不仅展示了馆员爱岗敬业、奋发向上的精神风貌，增强了图书馆的凝聚力，同时也为馆员们上了一场生动活泼的职业道德教育课。

第七节　科研工作

高校图书馆是服务型的学术机构。开展科研工作是高校图书馆适应新形势，推动图书馆工作深入发展的必然要求。图书馆一贯注重学术研究，积极倡导工作人员结合工作实际开展学术研究，馆内学术活动和研究气氛活跃，图书馆成为学校一个重要的学术活动中心。

一、期刊论文发表及学术专著出版

（一）期刊论文

通过《中国知网》检索，以"宁夏大学图书馆"为作者单位，2002—2011年馆员发表期刊论文250余篇。

（二）学术专著

馆员出版学术专著8部（见表3-2、图3-36）。

表 3-2　学术专著一览表

序号	著者	专著名称	出版单位	出版时间
1	李　棣　马荣健	《〈战国策〉选译》	新疆青少年出版社	2002 年 5 月
2	孙方礼	《西部开发经济信息分析》	兰州大学出版社	2003 年 7 月
3	孙方礼等	《中国民族地区社区图书馆功能与模式研究》	内蒙古人民出版社	2004 年 9 月
4	王振国	《智慧的较量》	远方出版社	2004 年 12 月
5	卫传荣　陈晓波	《文献信息方法论》	机械工业出版社	2005 年 2 月

续表

序号	著者	专著名称	出版单位	出版时间
6	贾志宏	《中国书史例话》	中国戏剧出版社	2006 年 12 月
7	马　谦	《复合图书馆论纲》	宁夏人民出版社	2007 年 12 月
8	马　谦	《实力与养成：当代图书馆员职业资格认证制度与职业精神培育》	宁夏人民出版社	2009 年 12 月

二、科研项目

这一时期是图书馆科研水平提升最快的阶段。图书馆获得各类课题26项，其中国家社会科学基金批准的项目有2项："中国民族地区社区图书馆功能与发展模式研究"（孙方礼，2002年）、"西部地区图书馆对弱势群体知识援助新制度的研究"（孙方礼，2005年）。其中，孙方礼"中国民族地区社区图书馆功能与发展模式研究"（2002年）是图书馆第一个获得国家社会科学基金批准的项目。

表 3-3　图书馆科研项目一览表（2002—2011 年）

序号	主持人	课题名称	时间	课题类别
1	孙方礼	中国民族地区社区图书馆功能与发展模式研究	2002 年	国家社会科学基金
2	孙方礼	高校数字化图书馆信息服务的专指与及时性研究	2002 年	宁夏大学科研基金
3	郝志红	文献检索课多媒体课件的制作	2002 年	宁夏大学科研基金
4	白茹莉	退耕还林草过程中的农业信息资源与应用	2002 年	宁夏大学科研基金
5	贾志宏	图书馆管理信息系统建设	2002 年	宁夏大学青年项目
6	陈晓波	宁夏文化产业发展研究	2003 年	宁夏社科规划项目
7	冯月梅	网络环境下地方农业信息资源管理与开发利用研究 *	2003 年	宁夏教育厅项目
8	张向东	西部地方综合大学图书馆文献资源建设研究	2003 年	宁夏大学科研基金

续表

序号	主持人	课题名称	时间	课题类别
9	张红燕	西夏研究文献题录数据库的建立及其因特网信息服务	2003 年	宁夏大学科研基金
10	付国英	高校图书馆为教学科研开展专题数据库服务模式研究	2003 年	宁夏大学科研基金
11	郭凤琴	图书馆信息资源建设的研究	2003 年	宁夏大学科研基金
12	张玉珍	高校图书馆在知识创新中的信息服务	2003 年	宁夏大学青年项目
13	卫传荣	西夏文化数据库建设	2004 年	CALIS 二期特色数据库建设
14	孙方礼	民族地区政府经济创新发展研究——以"大银川发展"为证实案例的信息分析 *	2004 年	宁夏社科规划项目
15	张向东	宁夏普通高校图书馆评估指标及实施办法	2004 年	宁夏高校科研项目
16	张玉珍	知识创新中的信息保障体系研究	2004 年	宁夏大学科研基金
17	孙方礼	高校内源性知识的溢出效应——图书馆知识管理的维度设计	2004 年	宁夏大学科研基金
18	邵晋蓉	宁夏地区文献信息资源共享保障机制建设研究	2004 年	宁夏大学科研基金
19	孙方礼	西部地区图书馆对弱势群体知识援助新制度的研究	2005 年	国家社会科学基金
20	张玉珍	宁夏文献信息资源共建共享研究	2006 年	宁夏大学科研基金
21	马　谦	图书馆员职业资格与职业精神研究	2007 年	自治区社科规划项目
22	郝志红	知识型服务业发展战略初探——以宁夏为例	2007 年	宁夏大学科研基金
23	邵晋蓉	学位与研究生教育学科文献信息资源建设与整合	2007 年	宁夏大学科研基金
24	付国英	宁夏大学 211 工程建设中文献保障体系创新策略研究	2007 年	宁夏大学科研基金
25	陆凤红	民族地区高等教育信息化相关问题研究	2008 年	宁夏大学科研基金
26	梁向明	宁夏大学图书馆馆藏古籍普查与整理研究	2011 年	宁夏古籍保护中心项目

说明：* 为自筹经费项目。

图3-36 馆员出版的学术专著

三、科研获奖

2004年10月，在宁夏图书馆学会首届图书馆学情报学优秀成果奖评奖中，宁夏大学图书馆1部著作获二等奖；2篇论文获一等奖，5篇论文获二等奖，7篇论文获三等奖，3篇论文获优秀奖。

2006年，张玉珍论文《在竞争中共同发展——论电子文献与纸质文献的关系》在宁夏大学第七届优秀科技成果（论文）评奖中，获二等奖。

2010年10月，在宁夏图书馆学会第二届图书馆学情报学优秀成果评奖中，宁夏大学图书馆1部著作获一等奖、1部著作获三等奖；2篇论文获二等奖、4篇论文获三等奖（获奖名单见表3-4）。

表3-4 宁夏图书馆学会第二届图书馆学情报学优秀成果奖获奖名单（2010年）

奖项名称	奖项	获奖者	获奖图书、论文	出版信息、原载刊物
著作	一等奖	梁向明	《明末清初回族三大汉文译著家伦理思想研究》	光明日报出版社，2010年5月
著作	三等奖	马 谦	《复合图书馆论纲》	宁夏人民出版社，2007年12月
论文	二等奖	张红燕	《美国公共图书馆电子政府服务的发展及走向》	《图书馆理论与实践》2009年第4期
论文	二等奖	陆凤红	《宁夏高等教育信息化资源投入利用调查与研究》	《图书馆理论与实践》2009年第12期

论文	三等奖	马　谦 沈丽英	《高校复合型图书馆实施人本管理探索》	《图书馆理论与实践》 2005 年第 3 期
论文	三等奖	张新月 陆凤红	《网络环境下西北地区图书馆资源共建共享模式及策略选择》	《图书馆理论与实践》 2008 年第 6 期
论文	三等奖	庄　青	《以宁夏图书馆新馆建筑设计为例看公共建筑节能设计》	《图书馆理论与实践》 2010 年第 8 期
论文	三等奖	张玉珍 王桂香	《宁夏地区图书馆网上电子资源现状调查分析》	《现代情报》2007 年 第 8 期

在2004—2011年宁夏哲学社会科学优秀成果评奖中，宁夏大学图书馆有6篇论文获奖，获奖名单见表3-5。

2004年，孙方礼被评为第四届宁夏大学优秀科技工作者。

表 3-5　宁夏哲学社会科学优秀成果奖获奖名单（2004—2011 年）

奖项名称	奖项	获奖者	获奖论文	原载刊物
宁夏第九届哲学社会科学优秀成果奖（2004 年）	论文三等奖	张玉珍	《在竞争中共同发展——论电子文献与纸质文献的关系》	《中国图书馆学报》2003 年第 1 期
宁夏第九届哲学社会科学优秀成果奖（2004 年）	论文三等奖	马　谦	《知识导航：混合型图书馆的信息咨询服务功能》	《情报杂志》2004 年第 5 期
宁夏第九届哲学社会科学优秀成果奖（2004 年）	论文三等奖	潘素洁、李共前	《邓小平行政管理思想探源》	《宁夏党校学报》2002 年第 2 期
宁夏第十届社会科学优秀成果奖（2008 年）	论文三等奖	马　谦	《中世纪阿拉伯国家图书馆探秘》	《中国穆斯林》2005 年第 1 期
宁夏第十一届社会科学优秀成果奖（2011 年）	论文三等奖	张红燕	《美国公共图书馆电子政府服务的发展及走向》	《图书馆理论与实践》2009 年第 4 期
宁夏第十一届社会科学优秀成果奖（2011 年）	论文三等奖	严　丽	《图书馆学属性、理论构建与学科形象》	《图书馆学研究》2010 年第 21 期

第八节　党建及工会工作

一、党建工作

（一）组织机构

2002年12月，图书馆党总支有党员25人。孟云芳担任图书馆党总支书记；党总支委员：卫传荣、胡敏、刘志军、崔秀荣。

2003年，根据学校组织部指示，原宁夏农学院图书馆合并后图书馆党总支进行改选，成立3个党支部，即校本部第一党支部、校本部第二党支部、南校区党支部。

2011年10月，图书馆党总支有党员36人，设党支部3个。

第一党支部党员：

蔡永贵、田金明、张红燕、张新月、潘英洁、宋惠民、张宁、张宁玉、王翔、梁晓瑾、赵明。

第二党支部党员（图3-37）：

马志霞、门建新、吴雪峰、王桂香、侯丽君、周群、王小莉、武永久、严利民、董湧、刘志军、杨娅娟、张志华、张晶、邵晋蓉、贾志宏。

图3-37　吴雪峰副书记在第二党支部学习
（2005年9月）

第三党支部党员：

马健、郅秀丽、卫传荣、张丽、王葵、陆凤红、徐红、史斌、蒋伟霞。

（二）获得的荣誉

2006年宁夏大学召开庆祝建党85周年大会，孟云芳、张向东分别被评为学校"优秀党务工作者"和"优秀共产党员"；图书馆第三党支部被评为"优秀基层党支部"。

2011年6月，图书馆第二党支部被校党委授予"先进基层党支部"称号。

二、工会工作

（一）组织机构

2004年，图书馆分工会主席赵明；委员：潘英洁、赵铨。

2005年，图书馆分工会主席赵明；委员：潘英洁（女工委员）、范秀英（宣传委员）、赵铨（组织委员）。

2007年，图书馆分工会主席赵明；委员：潘英洁（女工委员）、赵铨。

（二）获得的荣誉

图书馆分工会被学校工会评为2004年度"优秀工会组织"。潘英洁被评为"优秀工会干部"，史斌、赵铨被评为"工会工作积极分子。"

图书馆获得学校工会的表彰有：2004年5月，排球比赛女子第三名；2006年，拔河比赛第一名；2006年9月，"做合格人民教师"征文比赛二等奖一名；2006年10月，教职工乒乓球赛团体第三名；2010年4月，宁夏大学教职工"五月的鲜花"歌咏比赛优秀奖（图3-38）。

2011年1月，图书馆分工会被宁夏大学工会评为2010年度"工会工作先进集体"（图3-39）。

图 3-38　"五月的鲜花"歌咏比赛优秀奖　　　　图 3-39　工会工作先进集体（2010 年度）
　　　　　　（2010 年 4 月）

第九节　获得的荣誉

一、个人荣誉

2005年7月，在中国图书馆学会第七次全国会员代表大会上，卫传荣馆长被评为"中国图书馆学会2001—2004年度优秀会员"。

2011年10月，梁向明馆长被评为"中国图书馆学会2009—2011年度优秀会员"（图3-40）。

二、集体荣誉

2002年，图书馆荣获学校2002年度"工作优秀单位"称号。

2004年，图书馆被学校评为综合治理"达标先进单位"。

2008年，按学校要求完成资产清理报损工作，图书馆被学校评为"物资设备管理先进单位"。

2010年4月，图书馆被宁夏文化厅、宁夏图书馆学会评为"全区图书馆公共服务先进集体"（图3-41）。

图 3-40　梁向明馆长"优秀会员证书"
（2011 年 10 月）

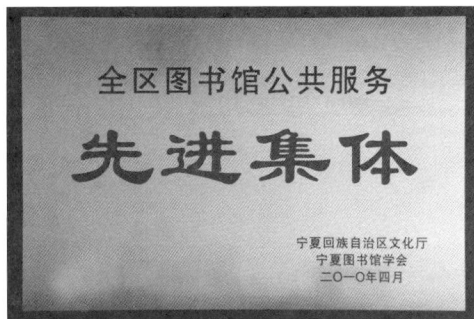

图 3-41　图书馆荣获"全区图书馆公共
服务先进集体"称号（2010 年 4 月）

第十节　协作与交流

一、高校图工委工作

1. 全国高校图工委工作

中华人民共和国教育部

教高函〔2009〕12 号

教育部关于成立第三届教育部高等学校
图书情报工作指导委员会的通知

各省、自治区、直辖市教育厅（教委）、有关高等学校：

为进一步加强教育行政部门对高校图书情报工作的宏观管理，充分发挥专家学者的咨询、研究、协调和指导作用，促进高校图书馆更好地履行教育职能和情报职能，我部决定成立第三届教育部高等学校图书情报工作指导委员会（以下简称图工委）。现将图工委委员名单印发你们并就有关事项通知如下：

图工委委员名单是经学校和省级教育行政部门推荐并广泛征求意见后研究确定的，任期四年。

图工委秘书处设在北京大学。

图工委的工作任务、组织机构、工作制度按《教育部高等学校图书情报工作指导委员会章程》（教高〔1999〕5 号）执行。

请有关高等学校对图工委的各项工作给予支持。

图 3-42　教育部文件（2009 年）

2004年5月，第二届教育部高等学校图书情报工作指导委员会成立大会在北京召开，原馆长张向东被聘为委员会委员，任期至2008年。

2009年4月23日，教育部下发《教育部关于成立第三届教育部高等学校图书情报工作指导委员会的通知》（教高函〔2009〕12号），决定成立第三届教育部高等学校图书情报工作指导委员会，梁向明馆长被聘为本届委员会委员（图3-42）。

2009年7月30—31日，由教育部高等学校图书情报工作指导委员会主办，宁夏大学图书馆承办的第三届教育部高等学校图书情报工作指导委员会成立大会暨第一次工作会议在宁夏大学图书馆举行（图3-43、图3-44）。

来自北京大学、清华大学、北京师范大学、上海交通大学、香港大学、香港理工大学、香港中文

图 3-43　第三届教育部高校图工委成立大会（2009 年 7 月）

图3-44　第三届教育部高校图工委成立大会委员合影（2009年7月）

大学等知名高校的80多位图书馆馆长及特邀代表参加了会议。教育部高教司教学条件处原处长李晓明、现任处长李静，宁夏教育厅高教处殷骅处长，宁夏大学校长何建国、副校长冀永强出席了开幕式。殷骅和何建国分别在开幕式上讲话。

2. 宁夏高校图工委工作

2002年4月，宁夏高校图工委换届，张向东馆长当选为秘书长，卫传荣副馆长当选为委员会副主任。

2008年7月，宁夏高校图工委换届，梁向明馆长当选为委员会副主任。

2010年9月20日，宁夏大学图书馆在CALIS三期建设中被CALIS管理中心批准为CALIS宁夏回族自治区文献信息服务中心承建单位。宁夏大学图书馆作为CALIS宁夏中心牵头建设单位，与宁夏高校图工委联合举办各种活动，活动详情见第六章。

二、宁夏图书馆学会工作

在2003年、2010年宁夏图书馆学会第五次、第六次会员代表大会上，卫传荣馆长、梁向明馆长分别当选为学会副理事长。

作为宁夏图书馆学会副理事长单位，图书馆积极参加宁夏图书馆学会组织的各种活动（图3-45）。

图 3-45 参加图书馆宣传周活动
（2004 年）

三、与上海交通大学图书馆的交流合作

2002年7月，上海交通大学图书馆陈兆能馆长、陈依娴书记以及各部（室）主任14人，到宁夏大学图书馆进行为期4天的参观和指导工作。

2004年4月，宁夏大学图书馆与上海交通大学图书馆联合申报的"西夏文化数据库建设"项目被 CALIS 管理中心批准立项，获资助经费1万元。

2004年12月15日，第七届亚洲数字图书馆国际会议在上海光大会展中心开幕，才波副馆长应上海交通大学图书馆邀请参加本次会议。

2002年、2005年、2010年，图书馆选派张宁、蒋伟霞、王桂香、陈晓波、陆凤红等中层干部及业务骨干赴上海交通大学图书馆学习交流。

2007年1月，马健副馆长是宁夏大学第一批赴上海交通大学挂职锻炼的管理干部。

第四章

新时代　新征程（2012—2023）

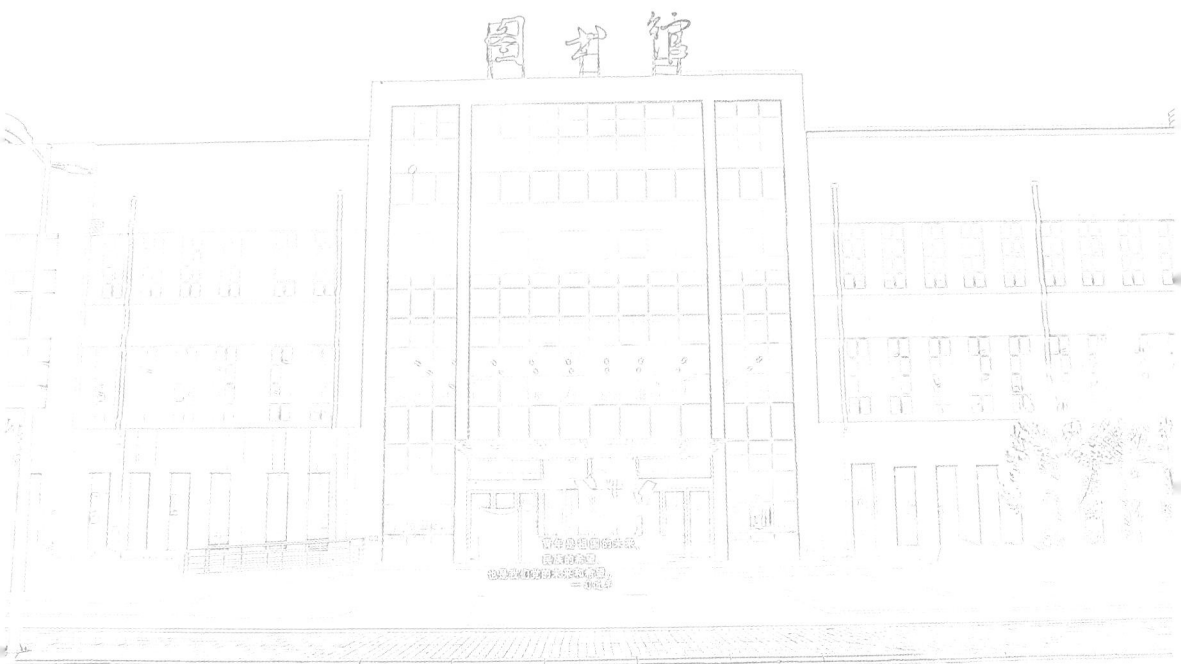

2012年，宁夏大学成为"中西部高校综合实力提升工程"入选高校；2016年，自治区确定把宁夏大学建成西部一流大学的新目标；2017年，学校入选国家"一流学科"建设高校；2018年，学校成为"部区合建"高校。图书馆紧跟学校发展步伐，迈入数字化、现代化建设新时期，为学校建成"区域特色鲜明、服务地方能力突出的西部一流大学"的发展目标提供文献支撑与服务保障。

2012年底，教育部、财政部启动实施"中西部高校综合实力提升工程"，重点支持没有部属高校的省区和新疆建设兵团，各建设一所本区域内办学实力最强、办学水平最高、有区域优势的高水平大学（"一省一校"项目）。图书馆先后使用"一省一校"、"中央财政支持地方高校能力提升项目"、自治区"双一流"建设资金等项目经费，纸本文献和数据库采购数量与质量显著提升，环境文化建设取得明显成效。

2023年，图书馆利用学校贴息贷款项目，完成逸夫图书馆"基础保障建设与升级改造"工程。

这一时期图书馆党政负责人有：

党总支书记：李树泮、李慧琴、王彦仓

党总支副书记：王彦仓、马玉玲、苗福生

图书馆馆长：蔡永贵、车进、倪刚、苗福生

图书馆副馆长：张红燕、马健、郅秀丽、门建新、王彦仓、陆凤红、刘振宇、马晴

第一节　馆舍及组织机构

2021年4月22日，学校聘任陈晓波为信息与学科服务部主任；严利民为文萃图书馆读者服务部主任。

2021年6月25日，学校聘任张新月为综合部主任；来晓玲为文献资源建设部

主任；李燕为逸夫图书馆读者服务部主任；张华为技术支持部主任；梁晓瑾为综合部副主任；史斌为文献资源建设部副主任；刘芸为逸夫图书馆读者服务部副主任；杨娅娟为信息与学科服务部副主任；付泰森为技术支持部副主任；陈晓峰为文萃图书馆读者服务部副主任。

2017年6月，学校发布校园楼宇命名通知，图书馆二馆被命名为文萃图书馆。

贺兰山校区文荟楼因承重以及各学院用房紧张等问题，自2017年开始，人文学院、教育科学学院、经济管理学院、新闻传播学院、政法学院资料室先后撤销。各学院资料室新书交给图书馆，旧书打包存放在宁夏大学 D 校区（现朔方校区）。图书馆将各学院资料室的新书进行计算机编目加工，2018年3月12日，加工后的图书在文荟楼705室（即贺兰山校区文科分馆，待建）提供借阅服务。

贺兰山校区文科分馆藏书8 000余册，隶属逸夫图书馆读者服务部管理。2023年4月，贺兰山校区文科分馆撤销，其图书并入逸夫图书馆各书库。

一、逸夫图书馆维修改造工程（2016年）

逸夫图书馆于2002年建成并投入使用，至2016年已使用14年，基础设施老化、破损，相关硬件设施功能缺失，影响了图书馆的使用和发展。为了给师生提供良好的阅读和学习环境、充分发挥现代大学图书馆的功能，同时为创建"西部一流"高校图书馆打下坚实基础，图书馆向学校提出逸夫图书馆维修改造申请。学校批准利用"中西部高校综合实力提升工程"（"一省一校"）项目经费对逸夫图书馆（一馆）（图4-1）进行维修改造。

2016年5月，逸夫图书馆维修改造工程启动，工程包括逸夫图书馆内外维修和内部功能布局的调整。对逸夫图书馆馆进行了保温改造及内外墙面粉刷，安装了楼层导视系统、自动饮水机，更换了窗帘，进行墙面文化装饰，购置绿色植物等进行空间点缀，改善服务设施，美化阅读环境。工程完成后，逸夫图书馆以内外整治一新的面貌迎接读者（图4-2）。

图 4-1 逸夫图书馆维修改造前（2011 年 11 月）

图 4-2 逸夫图书馆维修改造后（2016 年 11 月）

图 4-3 改造后带灯光、电源的多功能阅览桌
（2017 年 6 月）

此外，2017年暑假对逸夫图书馆的近270张阅览桌进行改造，加装灯光、电源插座及书包挂钩等配件，解决了图书馆部分区域光源不足的问题，满足了读者使用计算机电源的需求（图4-3），受到师生广泛好评。

二、图书馆三馆（南校区图书馆）搬迁（2016年）

由于图书馆三馆存在安全隐患，学校要求图书馆启动三馆搬迁工作。从2016年开始，对该馆16万册图书下架与分类打包，分别搬往校本部一馆、二馆和金凤校区综合阅览室（图4-4）（位于南校区民族预科教学楼一楼东侧）。金凤校区综合阅览室收藏图书1万多册、期刊89种及报纸13种，为金凤校区师生提供服务。

三、文萃图书馆空间改造与文化建设（2018年）

2019年3月，图书馆完成

"2018年度中央支持地方高校能力提升项目" 400万元的文萃图书馆空间改造与文化建设项目。改造后的文萃图书馆不但增设了休闲区、研修间、开放式电子阅览区、学科王国、培训室、3D多媒体影视厅、校史文化展区等多种形式的学习区，还投入使用了大数据智慧墙、图书瀑布流、书画数字一体机、触摸一体机等多种电子设备，整体提升了图书馆服务水平和能力，也为建设智慧图书馆奠定了良好基础（图4-5~图4-9）。校史、馆史陈列区有：馆长寄语、《宁夏大学图书馆宣传片》微视频、宁夏大学校训（尚德、勤学、求是、创新）以及

图 4-4 金凤校区综合阅览室

图 4-5 总服务台

图 4-6 学生讨论空间（研修间）

图 4-7 多媒体播放厅

图 4-8 休闲空间

图 4-9 校史、馆史陈列区

宁夏大学校歌《我们是年轻的大学生》，让学生记牢校训校歌，用青春谱写人生华章。

2019年3月，李星担任校党委书记后第一次在图书馆调研（图4-10），调研后安排相关部门为逸夫图书馆更换了东侧已存在安全隐患的电梯。

图 4-10　李星书记在文萃图书馆调研（2019 年 3 月）
左起：刘振宇、李慧琴、王宏伟（校党委副书记）、李星（校党委书记）、车进、陆凤红、王彦仓、张红燕

四、"图书馆基础保障建设与升级改造"项目（2023年）

2023年5月，"图书馆基础保障建设与升级改造"项目完成。改造后的逸夫图书馆增加了休闲阅读空间、研读空间、传统文化体验空间、智能书库以及古文献展厅等，更加注重人文关怀及内涵提升，更宜于读者交流和休闲，为开展阅读推广活动特别是传播中华优秀传统文化搭建了崭新的平台。图书馆五楼设有户外空间花园，宜于读者室外交流和休闲（图4-11~图4-16）。

图 4-11　总服务台

图 4-12　传统文化空间

图 4-13　研读空间

图 4-14　四人座静音舱

图 4-15　智能书库

图 4-16　户外空间花园

在"图书馆基础保障建设与升级改造"项目实施中，校长彭志科、校党委书记李星先后到逸夫图书馆调研项目进展情况并作出指示。

第二节　文献资源建设

2012年以来，宁夏大学成为"中西部高校综合实力提升工程"入选高校、国家"一流学科"建设高校和"部区合建"高校后，学校通过多种项目经费，不断加大对图书馆文献资源建设的资金投入。

一、纸质文献资源

（一）购置图书

图书馆不断改革和创新图书采购方法，积极利用网络、QQ、微信平台、邀请师生参与线上选书以及现场采购等方法，提高纸本图书质量，使采购的图书更加适合教学和科研需求。

2012—2023年，图书馆每年纸本图书招标采购经费大都在250万元以上。2014年纸本图书购书经费280万元，采购图书近8万册，接近教育部关于生均年进新书4册的要求。2016年首次达到教育部关于生均年进新书4册的要求。

除招标采购图书外，图书馆每年还有零星采购经费用于补充师生特殊需要的图书。

截至2023年12月，全校共有普通纸质图书222万余册，另有历代古籍、民国文献和再造善本古籍近5万册。

表 4-1　2017—2023 年图书馆纸本图书购置经费一览表

年份	经费（万元）	年份	经费（万元）
2017 年	260	2021 年	260
2018 年	120	2022 年	270
2019 年	280	2023 年	265
2020 年	250		

2022年10月，经图书馆党政联席会议决定，停止纸本期刊及报纸订购。

（二）接受赠书

1. 教育部文科专款赠书

近5年图书馆接收文科专款赠书情况见表4-2。

图 4-17　2023 年文科专款赠书

表 4-2　文科专款赠书情况（2019—2023）

年份	数量（册）	金额（元）	备注
2019 年	89	56 446.98	
2020 年	62	19 894.03	
2021 年	0	0	无额度
2022 年	0	0	无额度
2023 年	25	10 671.95	
合计	176	87 012.96	

2. 多语种《习近平谈治国理政》系列图书捐赠

2023年5月8日，北京崇学文化发展有限公司向宁夏大学捐赠多语种《习近平谈治国理政》系列图书仪式在逸夫图书馆举行。

3. 其他机构及个人图书捐赠

接收亚洲基金会、高等教育出版社、经济管理出版社、中共党史出版社、湖北人民出版社、山东出版传媒股份有限公司等机构及个人赠书，以及宁夏大学成立60周年校友赠书等。

二、电子文献资源

中央财政支持地方高校专项资金项目——"宁夏大学数字图书文献信息服务保障体系建设"在2011年批准立项后，数字文献资源建设在数量和质量上都有快速发展。

图书馆在2013年正式购置 Elsevier 数据库，该数据库的引进对提高学校教学和科研水平，特别是高水平研究发挥了重要作用。

2014年引进重要的数据库 Science Citation Index（SCI）、Engineering Index（EI）和 Conference Proceeding Citation Index（CPCI）三大评价性数据库平台，为图书馆开展学科分析提供必要的工具。

2017年新增12个数据库及工具平台：ESI、InCites、ACS、ACM、SIAM、ASCE、APS、Science、Nature、NoteExpress、鼎秀古籍、畅想之星电子书平台，数据库累计数量达到87个。图书馆初步建成覆盖全校文理工农生物等学科，服务于教学科研、科技查新、学科分析与评价的数字化文献资源体系。

截至2023年12月，图书馆拥有各类数据库资源126个，另有电子图书本地镜像47万种、远程访问近300万种，有学术视频10万余集。

三、宁夏大学文库和宁夏大学研究生学位论文

（一）宁夏大学文库（简称宁大文库）

宁大文库（图4-18）收藏本校教师、学生、校友以图书形式出版的研究成果以及能够反映宁夏大学历史与现状的各种特色资料，旨在彰前贤励后学。宁大文库以全面收集、永久保存、集中展示宁夏大学学术研究成果为宗旨，是宁夏大学学术发展的重要体现，也是学校建设一流大学宝贵的精神财富。为方便读者查阅，在图书馆主页上设置网站，将陆续整理的文库著作展示于此。

图 4-18　宁夏大学文库

截至2023年12月，宁大文库已整理教师著作出版信息2 000余条，征集到各类教师著作669种、690册。

图 4-19　宁夏大学研究生学位论文

（二）宁夏大学研究生学位论文

图书馆收集本校历届研究生（硕、博士）学位论文，包括纸本（图4-19）及电子版学位论文。截至2023年，收集宁夏大学研究生学位论文13 911种、14 105册。

第三节　读者服务

一、馆藏布局调整

（一）底本资料库建设

1.逸夫图书馆底本资料库建设

2012年底，底本资料库建设工作启动，2013年初步完成底本资料库的图书甄选工作。底本资料库即对图书馆收藏的重要图书资料集中陈列展示，成为图书精品库，师生可以进入阅览，但不能外借。既有利于师生利用，又防止重要图书资料的流失，为学校保存稳定长久的

图4-20　文津书库

图书资源。逸夫图书馆底本资料库后改名为"文津书库"（图4-20）。

2.图书馆二馆底本阅览室建设

2014年图书馆二馆底本阅览室建成，与逸夫馆底本资料库功能相同，其收藏范围是理工农和生物等学科的图书资料。

（二）在图书馆二馆开辟文学图书借阅区

为满足C校区（现文萃校区）读者对文学类及休闲类书刊的需求，2013年从逸夫图书馆（一馆）调拨部分文学图书到二馆，设立文学图书借阅区，并在订购2014年期刊时，文学借阅区新增了110种受读者欢迎的文化素质提升类期刊。

二、基本服务

1.图书馆微信公众号开通

2015年4月23日，宁夏大学图书馆微信公众号（图4-21）开通，是宁夏高校

图 4-21　图书馆微信公众号开通
（2015 年 4 月）

图书馆最早开通微信公众号的三所图书馆之一。图书馆微信公众平台为读者提供馆藏文献检索、图书续借、好书推荐、阅读推广等功能，及时发布图书馆的相关通知、公告，为读者提供方便、快捷、及时的服务。截至2023年12月，图书馆微信公众号关注人数近3.9万人。

2. 延长服务时间

自2016年9月起，逸夫、文萃图书馆书库、阅览室从上午8点至晚上10点持续开放服务。

3. 开通移动无线上网服务

2018年4月，宁夏大学校园无线网（Wi-Fi）在图书馆范围为读者提供移动无线上网服务，网络标识为"NXU"。

4. 开通"委托借阅""通还"服务

自2018年5月开始，图书馆开展"委托借阅"（"通借"）与"通还"图书服务。读者可在任一校区图书馆（逸夫图书馆、文萃图书馆、金凤校区图书馆、贺兰山校区图书馆（待建）、中卫校区图书馆）借阅各校区的图书（网上预约），并可在任一校区图书馆归还所借图书。在

图 4-22　倪刚馆长（右一）调研"通借""通还"
工作（2021 年 1 月）

方便读者借书的同时，提高了馆藏图书的利用率（图4-22）。

5. 读者座谈会

图书馆每年定期召开1~2次读者座谈会（图4-23~图4-27），邀请各学院教师及学生代表围绕文献资源建设、服务内容、服务方式、服务态度、开馆时间等方面展开讨论交流。会后对师生提出的意见和建议进行梳理、总结，作为今后服务工作整改的依据，以此推动图书馆服务的创新和发展。

图 4-23 读者座谈会（二馆）（2012 年）

图 4-24 师生联谊会（三馆）（2013 年）

图 4-25 读者座谈会（2015 年，一馆）

图 4-26 读者座谈会（一馆，2017 年田军仓副校长参加）

图 4-27 读者座谈会（2019 年）

6.图书馆学生管理委员会

在图书馆志愿者协会的基础上，2019年3月，图书馆成立了图书馆学生管理委员会（简称"学生图管会"）。2019年8月在全国首届"图书馆杯全民英语口语风采展示活动"中，宁夏大学图书馆"学生图管会"被中国图书馆学会阅读推广委员会授予"传播之星"荣誉称号（图4-28）。2021年12月，经学校团委批准，"学生图管会"成为挂靠校团委的正式学生社团，更名为"书海探微"学社。

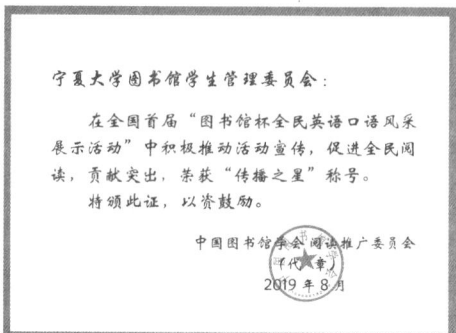

> 宁夏大学图书馆学生管理委员会：
>
> 在全国首届"图书馆杯全民英语口语风采展示活动"中积极推动活动宣传，促进全民阅读，贡献突出，荣获"传播之星"称号。
>
> 特颁此证，以资鼓励。
>
> 中国图书馆学会 阅读推广委员会
> 2019年8月

图4-28 "学生图管会"获"传播之星"荣誉称号

三、学科服务

图书馆继续加大学科服务力度，特别是学校成为教育部"一省一校"重点建设高校后，图书馆选派工作人员到上海交通大学图书馆进行学科服务培训，在2013年组建了学科服务团队，并在部分学院培养了一批高素质的信息专员（图4-29），对重点学科、重大科研项目提供有针对性的专业服务。

图4-29 宁夏大学学院信息专员培训（2013年6月）

通过学科馆员与学院信息专员沟通，逐步建立了图书馆与开展学科服务学院之间的稳定关系，提高了学科服务的质量和效率。

图书馆制定了《宁夏大学图书馆学科化服务实施办法》《宁夏大学图书馆学科馆员管理实施细则（试行）》《查收查引岗位职责》《图书馆文献传递／馆际互

借工作细则》《图书馆文献检索教学管理细则》等一系列规章制度，保障学科服务的规范化运行。

2012年，图书馆利用 CALIS 管理中心提供的 LibGuides 学科服务平台，开展经济管理学、回族研究、汉语言文字、旱作农业、物理学5个学科服务平台的制作与发布。

（一）文献资源服务

除了与上海交通大学图书馆、CALIS、CASHL 等机构开展文献传递外，自2014年以来，图书馆陆续开通超星百链、超星读秀、Wordlib、盈科、华宇星航等网络自助平台，扩展了师生文献传递的方式与途径。

（二）信息素养教育

文检课教学是图书馆多年来坚持的一项工作，为数学计算机学院、信息工程学院、农学院、新华学院、葡萄酒学院、国际教育学院等多个学院开设文检课。2016年，在数学计算机学院尝试了渗透教学工作，为课堂穿插 NoteExpress 使用。

自2012年以来，组织汤森路透、爱思维尔、施普林格、中国知网、超星、万方等多家中外文数据库公司来学校做数据库宣传培训讲座，使师生对数据库使用有了更加深入和全面的了解。

从2017年开始，图书馆与学校教师发展中心合作，为新入职教师举办"学术征程从这里起航——学术资源和深层利用"讲座。

2018年引进了"入馆教育系统"数据库（"书小猴闯关"），新生通过在线平台学习图书馆文献知识和规章制度。

（三）科研支持服务

2015年与兰州大学图书馆联合开展针对教师成果的查收查引工作，当年完成查收查引报告27份，查证论文96篇。此后查收查引数量不断攀升，2023年完成查收查引报告1 200份，查证论文3 600余篇。

2015年完成首份学科分析报告《2010—2014年宁夏大学学科分析报告》（图4-30）。此后完成多项学科分析报告，如《学科分析报告——国内同类大学

图4-30 《2010—2014年宁夏大学学科分析报告》

2011—2015年SCI发文统计对照表》《宁夏大学学科分析报告（2017版）》《宁夏大学ESI学科各个学院的贡献率分析报告》《宁夏大学进入全球3%的论文》，为学校学科建设和发展提供科研支持服务。

从2018年开始，图书馆主动与科技处、人事处、研究生院等职能部门合作，定期提供学科分析报告。与农学院建立合作关系，促进了农业科学进入全球1%（ESI）行列，成为继化学、工程之后的第三个进入这一行列的学科。

为了广泛普及知识产权相关知识，营造保护知识产权环境，助力宁夏大学师生利用知识产权知识开展创新创业实践，宁夏大学知识产权信息服务中心于2021年3月成立，服务中心设在图书馆（图4-31）。

服务中心成立后，依托图书馆资源和服务优势，开展了知识产权咨询服务、大学生知识产权信息素养教育等活动。图书馆立足学校学科优势，提高师生情报搜索技能，加强知识产权信息服务，以此助力学校创新发展。

图4-31 成立"宁夏大学知识产权信息服务中心"文件（2021年3月）

四、机构知识库建设

2022年图书馆引进中科创元WITS系统开展宁夏大学机构知识库建设。2023年，图书馆在学校相关部门的协调下利用机构知识库完成宁夏大学教师画像一期工程。

第四节 阅读推广活动

图书馆通过阅读推广活动（图4-32），以塑造思想品格、提升人文修养、陶冶道德情操为目标，全方位培养学生"爱读书，读好书，善读书"的良好读书习惯。特别是自2021年以来，图书馆以"悦读青春"为主题，以习近平新时代中国特色社会主义思想为指导，以社会主义核心价值

图 4-32 校党委书记金能明指导世界
读书日活动（2018 年 4 月）

观为引领，在推动校园精神文明建设，创建和谐校园文化中发挥了积极作用。

2023年4月19日，图书馆启动"阅享新时代·书香润校园"宁夏大学2023年读书月系列活动（图4-33）。校党委副书记周震、学校相关部门领导出席启动仪式（图4-34）。

图书馆阅读推广系列活动包括读书沙龙、"书香校园"征文比赛、主题书展、主题讲座、知识竞赛、朗读比赛、电影展播、画展及图片展等。

图 4-33 宁夏大学 2023 年读书月启动大会
（2023 年 4 月）

图 4-34 校党委副书记周震致辞
（2023 年 4 月）

一、读书沙龙

举办《习近平用典》《习近平讲故事》《习近平新时代中国特色社会主义思想三十讲》《红岩》《青春之歌》《红楼梦》《摆渡人》《平凡的世界》等读书沙龙。

二、"书香校园"征文

历届"书香校园"征文比赛主题（2015—2023年）见表4-3，部分颁奖会见图4-35~图4-37。

表 4-3　历届"书香校园"征文比赛（2015—2023 年）

时间	征文主题	备注
第一届（2015 年）	无主题	与校团委联合举办
第二届（2016 年）	经典阅读伴我成长	
第三届（2017 年）	阅读伴我成长	
第四届（2018 年）	厉害了我的国	
第五届（2019 年）	全校共读一本书——《国家相册：改革开放四十年的国家记忆：典藏版》	
第六届（2020 年）	"同舟共济、同心抗疫"新冠疫情抗击征文比赛	与宁夏文联等单位联合举办
第七届（2021 年）	"习近平新时代中国特色社会主义思想"学习心得体会——《习近平用典》《习近平讲故事》读书征文	
第八届（2022 年）	红色旗帜永不落、青春昂扬显活力、倍惜韶华勤奋进	
第九届（2023 年）	踔厉奋发几十载　我与宁大共成长	与校团委、守正书院、尚德书院、励行书院联合举办

图 4-35　"书香校园"征文比赛颁奖会（2017 年）

图 4-36　"书香校园"
征文比赛颁奖会（2018 年）

图 4-37　"书香校园"征文
比赛颁奖会（2023 年 10 月）

三、主题书展

图书馆举办文津获奖图书展、红色经典图书展、茅盾文学奖获奖图书展、"阅读新时代 喜迎二十大"主题书展等。

在线下书展的同时，通过超星学习通建立网上专题书架，方便读者阅读书展图书的电子版。

四、主题讲座／活动

2020年9月，2020宁夏文化周——作家主编面对面 弘扬黄河文学与宁夏文学创作活动（图4-38）在文萃图书馆举办，活动由中国作家协会创联部、宁夏文联主办，宁夏大学等单位承办。宁夏文联副主席、宁夏文艺评论家协会主席、宁夏大学副校长郎伟主持活动，宁夏文联副主席、宁夏作家协会主席郭文斌等参加了活动。

2023年11月，"飞起来，高凯童诗进名校"——第九站宁夏大学分享会（图4-39）在逸夫图书馆举办，主办单位有：人民文学出版社、宁夏大学图书馆、宁夏文艺评论家协会宁夏大学创作研究基地、宁夏大学人文学院。

图 4-38 "弘扬黄河文化"活动（2020 年 9 月）

图 4-39 "飞起来，高凯童诗进名校"宁夏大学分享会（2023 年 11 月）

五、比赛活动

2016年3月，图书馆与校团委联合举办"我眼中的图书馆"微视频大赛。微视频大赛共收到来自14个学院和中卫校区的微视频作品81部（图4-40）。

2021年5月，图书馆与校团委、经济管理学院联合举办"赛经典名句 促党

图 4-40　"我眼中的图书馆"微视频大赛
颁奖会（2016 年 4 月）

图 4-41　"赛经典名句　促党史学习"——学习
《习近平用典》大赛集体合影（2021 年 5 月）

史学习"——学习《习近平用典》大赛"
（图4-41）。

2021年6月，图书馆举办"习近平
新时代中国特色社会主义思想及党史知
识"网络答题活动（图4-42）。

2022年5月，图书馆与校团委联合
举办"学共青团知识　展大学生风采"
网络答题比赛（图4-43）。

图 4-42　网络答题活动颁奖会
（2021 年 6 月）

2023年5月，校团委与宁夏大学图书馆联合举办宁夏大学"塞上明万卷　茶
礼予四方"第九届茶艺大赛（图4-44）。

此外，图书馆还举办了"百年逐梦　礼赞华诞——庆祝建党100周年红色经
典诵读"比赛、"青春之声话百年——庆祝共青团建团100周年"网上诵读比赛等。

图 4-43　"学共青团知识　展大学生风采"网
络答题比赛颁奖会（2022 年 5 月）

图 4-44　宁夏大学第九届茶艺
大赛（2023 年 5 月）

六、电影展播

图书馆在文萃图书馆多媒体厅举办了多部优秀影片展播活动，如《古田军号》《南昌起义》《血战湘江》《建国大业》《建党伟业》等。

七、书画展及图片展

图 4-45　门建新副馆长（右一）主持书画展开幕式（2013 年 9 月）

2012年9月，在中秋佳节和国庆节来临之际，图书馆和宁夏书画艺术发展促进会、银川火车头书画协会联合举办"迎中秋庆国庆书画展暨书画笔会"活动（图4-45）。李星副校长致辞，黄超雄（宁夏书画艺术发展促进会会长、原自治区人大常委会副主任）等23位艺术家参加了此次活动。

此外，图书馆还举办了"建党百年路"主题原版美术作品——电子画屏、"激活经典　熔古铸今——"中华优秀传统文化百部经典"出版成果展等活动。

八、建立文艺评论创研基地

2019年11月7日，宁夏文艺评论创研基地在文萃图书馆揭牌成立，这是宁夏首批文艺界与高校联合创办评教融合的示范基地，是图书馆提升学科服务能力和水平、加强校园文化建设的重要平台。车进馆长主持揭牌仪式（图4-46），宁夏大学副校长、宁夏文艺评论家协

图 4-46　宁夏文艺评论创研基地揭牌仪式（2019年 11 月）车进馆长（右一）主持揭牌仪式

会主席郎伟致辞，宁夏文联党组书记、副主席崔晓华等领导参加揭牌仪式。

第五节　智慧图书馆建设

一、图书馆局域网及网站建设

2014年，北京超星公司给图书馆赠送其开发的宁夏大学图书馆门户网站系统。在双方协同配合下，经过多次修改调试，2015年上半年图书馆新网站开通使用，这是图书馆第四版网站（图4-47）。

图4-47　图书馆第四版网站（2015年上线）

2015年，为保障电子文献资源的正常利用，图书馆对集成管理系统及各工作终端进行升级，对新购数据库、软件运行调试，对数据存储、网络服务器等相关设备进行调试，对图书馆数据中心机房进行了改造。

2021年，学校第二次网站群系统开始建设。应学校统一要求，图书馆纳入此次二级网站建设中。图书馆成立了专门的网站群建设小组，经与西安博达软件公司多次沟通、协商，形成宁夏大学网站群图书馆网站的初始模板，交由西安博达软件公司进行网站系统修改调试。本次网站系统2023年10月正式上线运行，即图书馆第五版门户网站（图4-48）。

图4-48　图书馆第五版网站
（2023年10月上线）

2021年11月，因校园网络安全需要，图书馆向学校申请后购置H3C硬件防火墙，部署于图书馆数据机房内外网之间。

2022年12月，图书馆数据机房由逸夫图书馆二楼搬迁至四楼（原学校网络与信息管理中心）。

为了更好地推进学校信息化资源归口管理和数字化服务建设，从2023年9月开始，图书馆将安装在馆内机房的数据库资源逐步迁移、升级到校园网新数字基座。此次数字基座升级涉及80多台虚拟机和100多TB数据的迁移。

二、RFID技术应用

2015年，图书馆购置了3台HP DL580 G8服务器及容量为176TB的硬盘阵列，开始引进RFID相关设备。2015年7月和2016年6月，分别完成第二图书馆和逸夫图书馆RFID自助借还系统、监控控制系统建设，实现全开放服务。

从2019年开始，图书馆在原有"一卡通"基础上采用人脸识别方式进行读者入馆身份认证。随后引进相关设备及技术，设置FRID门禁系统，逐步实现智能人脸识别门禁管理功能。

2008年7月，图书馆引进江苏汇文软件公司开发的图书集成管理系统LIBSYS 3.5后，几经升级，经历了5.0版、5.5版和5.6版。2023年5月，图书馆集成管理系统由LIBSYS 5.6升级换代到汇文新一代智慧图书馆服务平台META3.0。

2023年，图书馆建立智能书库。智能书库采用的智能书架管理系统是RFID多项技术的综合应用，是一套高性能的在架图书实时管理系统，可以对图书进行上架、下架、盘点、查找及统计等方面的管理，为图书馆提供了智能化的图书管理及查询功能。

第六节　迎接教育部本科教学工作审核评估

2013年12月，教育部发布《普通高等学校本科教学工作审核评估方案》（简称《审核评估方案》），根据《审核评估方案》的相关要求，教育部专家组将于

2018年5月到宁夏大学进行本科教学工作审核评估。

在预评估及审核评估过程中，图书馆在数据收集、资料核实、业务宣传和环境整治等方面做了充分准备。

一、自评方案及迎评材料的准备

自2017年3月起，图书馆按照学校审核评估的自评实施方案准备相关材料。9月下旬至10月，图书馆按照学校关于宁夏教育厅第三方评估要求，收集、整理、汇总、核对、上报评估数据。

12月，根据《宁夏大学本科教学工作审核评估预评估整改方案》对图书馆整改工作的任务要求，结合图书馆自身存在的问题，经过认真分析和梳理，明确整改思路和目标，制定《图书馆本科教学工作审核评估预评估整改方案》。

二、迎接教育部专家组考察、评估

2018年5月13—16日，教育部本科教学工作审核评估专家关海庭（审核评估专家、北京大学社会科学学部副主任）、范迅［审核评估专家组副组长、中国矿业大学（北京）原副校长］、王正斌（审核评估专家、西北大学副校长）、董增川（审核评估专家、河海大学副校长）分别走访文萃图书馆和逸夫图书馆（图4-49、图4-50）。

图4-49　教育部专家范迅副组长走访文萃图书馆（2018年5月）

图4-50　教育部专家王正斌（右四）走访逸夫图书馆（2018年5月）

在接待审核评估专家的过程中，车进馆长从图书馆的基本情况、5年来的建设情况和取得的成绩、工作中存在的问题与不足以及图书馆今后的发展规划等四个方面向评估专家进行了汇报。专家询问了图书馆目前存在的困难和问题，希望通过他们的建议，为图书馆的发展提供帮助。

三、审核评估效果

图书馆认真梳理审核评估的过程及教育部专家提出的意见和建议，在总结经验的基础上，认为达到了"以评促建、以评促改、以评促管、评建结合、重在建设"的预期效果。审核评估对促进图书馆馆藏资源建设、提高服务水平和质量有了更加明确的目标和方向。

第七节　队伍建设

一、充实馆员队伍

2002年，原宁夏大学图书馆与原宁夏农学院图书馆合并后，馆员数量达到历史高峰。2004年11月有正式职工115人，2011年10月有正式职工109人。此后馆员数量开始减少，截至2023年12月，图书馆有正式职工59人。

这一时期，图书馆主要通过招聘、校内调剂、劳务派遣等方式补充馆员队伍。2013年和2016年，2名硕士研究生通过招聘进入图书馆工作。此后1名硕士研究生和2名本科生通过校内调剂到图书馆工作。通过劳务派遣途径增加馆员成为图书馆补充工作人员的主要方式，多名硕士研究生和本科生通过劳务派遣方式到图书馆工作。这些馆员在业务要求较高的岗位上发挥了积极作用。截至2023年12月，图书馆有劳务派遣人员10人，占全馆职工人数的15%。

二、提高馆员业务素质

（一）业务培训

这一时期的馆员业务培训重点有两个方面。一是申报教育部"科技查新站"的馆员培训，如科技查新员、科技查新审核员等，这些培训促进了图书馆学科服务的深化。截至2023年，图书馆先后有7名馆员获得教育部颁发的科技查新员资质证书，有2名馆员获得教育部颁发的科技查新审核员资质证书，为图书馆申报教育部"科技查新站"做好人才储备。

二是古籍业务知识和能力培训。通过参加"全国国家古籍普查工作培训班""全国古籍修复技术培训班""中华优秀传统文化推广培训班""宁夏古籍保护工作管理人员培训班"等专业培训，提高馆员在古籍整理与保护、开发与利用方面的知识和能力。

（二）参加活动提升馆员素质

1. "我眼中的图书馆"微视频大赛

2016年7月，图书馆参加宁夏高校图工委与 CALIS 宁夏中心联合举办"我眼中的图书馆"微视频大赛，我馆1部作品获一等奖；1部作品获二等奖；4部作品获三等奖。获奖名单见第六章第二节。

2. 全区优秀阅读推广案例比赛

2018年，图书馆选送作品参加2018年全区优秀阅读推广案例比赛活动。我馆作品"佳作欣赏与经典阅读"荣获"优秀阅读推广案例"二等奖（图4-51）、"金庸作品阅读分享会"荣获优秀奖。

图 4-51　"优秀阅读推广案例"二等奖

（三）举办活动提升馆员素质

1. 2019年4月，根据中国图书馆学会4·23世界读书日活动要求，车进馆长带领馆员诵读经典作品《礼记·大学》。

2. 流通阅览部业务知识比赛

2019年4月19日，为了增强馆员的业务素质和服务能力，加快图书馆转型发展，图书馆在文萃图书馆四楼3D 多媒体影视厅进行"流通阅览部业务知识比赛"（图4-52）。图书馆党总支书记李慧琴、馆长车进、副馆长张红燕、副馆长陆凤红以及信息服务部主任陈晓波担任本次比赛的评委。

通过必答题、抢答题和风险简答题3个环节比赛，文萃队获得第一名、金凤队获得第二名、怀远队获得第三名。

3. 举办"迎国庆　展风采"图书馆馆员职业道德演讲比赛

图4-52　流通阅览部业务知识比赛（2019年4月）
参赛队员左起：李燕、马珂、韩萍、张丽、张海萍、徐红、刘军燕、王晓东、王宇辉

2019年9月26日，在喜迎中华人民共和国成立70周年之际，在学习和贯彻落实习近平总书记给国家图书馆老专家回信精神之时，图书馆举办"迎国庆　展风采"馆员职业道德演讲比赛（图4-53）。演讲比赛对加强馆员职业道德建设，大力弘扬馆员爱岗敬业、重德养德的精神发挥了重要作用。获奖名单见表4-4。

图4-53　评委、馆领导与获奖馆员合影
（2019年9月）

表4-4　"迎国庆　展风采"图书馆馆员职业道德演讲比赛获奖名单

奖项	获奖者	作品名称
一等奖	史　斌	《我陪图书馆一起走进春天》
二等奖	陆凤红	《坚守初心、馆荣我荣》
二等奖	梁晓瑾	《一个图书馆人的情怀》
三等奖	李　棣	《精神家园的守望者》
三等奖	武永久	《爱岗敬业精益求精》
三等奖	付泰森	《我骄傲、我是图书馆人》

4.举办"学党史　悟思想　展风采"馆员读书分享大赛

2021年10月13日，在建党百年之际，为引导馆员继承和发扬党的光荣传统，坚定中国特色社会主义理想信念，牢记中国共

图4-54　"学党史　悟思想　展风采"馆员读书分享大赛评委、馆领导与获奖馆员合影（2021年10月）

产党团结奋斗、风雨同舟的光辉历程，图书馆举办"学党史　悟思想　展风采"馆员读书分享大赛（图4-54）。此次大赛也是图书馆在党史学习教育中"学史明理、学史增信、学史崇德、学史力行"的又一重要举措。大赛获奖名单见表4-5。

表4-5　"学党史　悟思想　展风采"馆员读书分享大赛获奖名单

奖项	获奖者	作品名称
一等奖	香钰琳	《周恩来最后600天》
二等奖	张玉珍	《毛泽东诗词鉴赏》
二等奖	胡晓梅	《东方》
二等奖	刘　露	《账本里的中国》
三等奖	陆凤红	《历史的天空》
三等奖	徐红等	《红岩》
三等奖	史　斌	《红船映初心》
优秀奖	陈晓峰	《保卫延安》
优秀奖	李　棣	《青春之歌》
优秀奖	陈璞奕	《读懂长征》
优秀奖	张志华	《创业史》
优秀奖	张晶玲	《焦裕禄》

5. 举办"喜迎二十大 馆员展风采"微视频比赛

图4-55 "喜迎二十大 馆员展风采"微视频比赛评委、馆领导与获奖馆员合影（2022年6月）

2022年6月8日，"喜迎二十大 馆员展风采"微视频评奖及颁奖会在文萃图书馆举办（图4-55）。比赛活动共征集到12部作品，这些作品充分展示了我馆馆员职业道德建设成就及馆员工作精神风貌，也展现了图书馆党员理想信念教育成果，对进一步加强馆员的爱馆、爱书、爱读者的情怀有着重要意义。获奖名单见表4-6。

表4-6 "喜迎二十大 馆员展风采"微视频比赛获奖名单

奖项	作品名称	部门、支部
一等奖	《故纸堆里，守护文明》	古籍特藏部
二等奖	《晨夕微光》	综合部
	《抗疫短剧：让党旗在防控疫情第一线高高飘起》	资源综合党支部
三等奖	《不一样的图书馆员》	信息与学科服务部
	《爱上图书馆》	读者服务党支部
	《图书馆员，天堂美丽的使者》	逸夫图书馆读者服务部
优秀奖	《图书馆新青年》	信息技术党支部
	《我眼中的图书馆》	宁夏大学图书馆（中卫）
	《一本书的旅程》	文献资源建设部
	《爱读书，读好书，善读书》	金凤校区读者服务党支部
	《因书而美，阅见未来》	金凤校区图书馆读者服务部
	《抗疫情 强体魄 快乐运动 健康生活》	文萃图书馆读者服务部

三、馆员风采（图4-56～图4-58）

图 4-56　欢庆建馆 60 周年座谈会（2018 年 9 月）

图 4-57　图书馆参加庆祝中国共产党成立 100 周年师生合唱比赛（2021 年 6 月）

图 4-58　图书馆参加宁夏大学教职工校园健步走定向挑战赛（2023 年 5 月）

第八节　科研工作

一、馆员发表期刊论文及出版学术专著

通过《中国知网》检索，以"宁夏大学图书馆"为作者单位，2012—2023年馆员发表期刊论文110余篇。

这一时期出版学术专著4部（图4-59），出版情况见表4-7。

表 4-7　馆员出版学术专著表

序号	著者	专著名称	出版单位	出版时间
1	张志华	《图书馆多元化阅读推广研究》	延边大学出版社	2018 年 9 月
2	张　欣	《"互联网 +"环境下图书馆的发展与管理探究》	吉林科学技术出版社	2019 年 10 月
3	庄　青 马升林	《再现西夏：西夏博物馆展陈策划和设计研究》	黄河水利出版社	2022 年 4 月
4	刘志军 李海燕	《宁夏大学图书馆藏古籍书目》	国家图书馆出版社	2023 年 6 月

图 4-59　馆员出版的学术专著

二、科研项目

获批国家社科基金西部项目、宁夏哲学社会科学（艺术）规划、宁夏教育厅项目、宁夏大学科研课题共24项（表4-8）。

"我国图书馆职业价值与图书馆员职业化研究"（马谦）获得国家社科基金西部项目，进一步提升了图书馆科研水平。

表4-8 图书馆科研课题一览表

序号	主持人	课题名称	立项时间	项目类别
1	李 棣	宁夏社区图书馆服务体系建设研究	2012 年	宁夏大学社会科学研究基金
2	张玉珍	21 世纪电子文献与纸质文献的比较研究	2012 年	宁夏大学社会科学研究基金
3	梁晓瑾	高校图书馆服务社会公共文化体系研究——高校图书馆与公共图书馆服务社会优势比较	2012 年	宁夏大学社会科学研究基金
4	庄 青	公共图书馆建筑共享空间多元化与人文关怀	2012 年	宁夏大学社会科学研究基金
5	陆凤红	媒体融合环境下宁夏大学阅读文化的建设与推广策略研究	2012 年	宁夏大学社会科学研究基金
6	马 谦	我国图书馆职业价值与图书馆员职业化研究	2013 年	国家社科基金西部项目
7	胡晓梅	宁夏大学低年级学生图书借阅行为研究	2013 年	宁夏大学社会科学研究基金
8	来泽荣	拓展图书馆信息服务模式为中阿博览会提供信息服务	2013 年	宁夏大学社会科学研究基金
9	杨娅娟	泛在知识环境下以用户需求为导向的高校图书馆服务模式研究——以宁夏大学图书馆为例	2013 年	宁夏大学社会科学研究基金
10	庄 青	宁夏地区的博物馆建设与文化特色构建研究	2014 年	宁夏哲学社会科学规划青年项目
11	王小莉	高校图书馆红色文献资源开发利用研究——以宁夏地区为例	2014 年	宁夏哲学社会科学（艺术）规划一般项目

续表

序号	主持人	课题名称	立项时间	项目类别
12	刘志军	宁夏大学图书馆馆藏古籍整理利用研究	2014 年	宁夏高校科研项目
13	张晓琳	读者对数字化图书馆藏古文献的利用研究——以宁夏大学图书馆藏为例	2014 年	宁夏大学社会科学研究基金
14	张志华	立体阅读——高校图书馆服务扩展与创新的实践研究	2014 年	宁夏大学社会科学研究基金
15	马君丽	高校图书馆创客空间建设研究	2015 年	宁夏大学社会科学研究基金
16	张 雷	采用 UV 印刷技术实现图书馆馆藏索书标签的变革	2016 年	宁夏大学社会科学研究基金
17	李 燕	传承红色基因 创建书香宁大	2019 年	宁夏教育厅高校思想政治工作精品项目
18	马 晴	新时代背景下宁夏大学图书馆"三全育人"思政教育探索与实践	2019 年	宁夏大学社会科学研究基金
19	刘 露	留学生对高校图书馆利用情况的调查研究——以宁夏大学留学生为例	2019 年	宁夏大学社会科学研究基金
20	庄 青	以考古发掘报告为中心：基于建筑学视角的西夏三号陵建筑形制和初始样貌复原探究	2021 年	宁夏自然科学基金
21	张红燕	高校图书馆参与校园文化建设策略研究	2021 年	宁夏教育厅教育政策研究课题
22	何金晶	面向数字校园建设的知识服务与文化推广策略研究——以宁夏大学灰色文献知识库构建为例	2021 年	宁夏大学哲学社会科学基金
23	杨娅娟	宁夏大学图书馆服务型党组织建设研究	2021 年	宁夏大学第二批党建工作暨党建研究课题
24	陆凤红	新媒体视域下高校图书馆传承红色文化路径研究	2022 年	宁夏高等学校社会科学项目

三、科研获奖

在2014—2017年宁夏社会科学优秀成果评奖中，宁夏大学图书馆4篇论文获奖，见表4-9。

表4-9 宁夏社会科学优秀成果奖获奖一览表

获奖名称	奖 项	作者	篇名	原载刊物
宁夏第十二届社会科学优秀成果奖（2014年）	论文三等奖	赵 明	《图书馆学跨学科研究评析》	《图书馆学研究》2012（6）
宁夏第十二届社会科学优秀成果奖（2014年）	论文三等奖	张宁玉 刘志军	《图书馆馆藏古籍善本书普查研析》	《图书馆理论与实践》2012（12）
宁夏第十三届社会科学优秀成果奖（2017年）	论文三等奖	刘志军	《古籍善本〈水经注释〉版本研究——以宁夏大学图书馆藏善本为例》	《图书馆理论与实践》2014（10）
宁夏第十三届社会科学优秀成果奖（2017年）	论文三等奖	庄 青 谢恩莲 才 波 菊秋芳	《公共图书馆建筑共享空间多元化与人文关怀》	《图书馆理论与实践》2014（6）

第九节 党建及工会工作

一、党建工作

（一）组织机构

2023年9月，图书馆党总支设3个党支部，党员总数27人。各支部党员组成如下：

1.读者服务党支部

支部书记：马珂

支部委员：陈晓峰、徐红

支部党员：王彦仓、陆凤红、闫婷婷、张丽、赵明、王小莉、王葵

2.资源综合党支部

支部书记：梁晓瑾

支部委员：史斌、何金晶

支部党员：苗福生、马晴、张新月、付泰森、夏静文、任雨菲

3.信息技术党支部

支部书记：杨玉英

支部委员：杨娅娟、刘露

支部党员：马玉玲、王桂香、张红燕、董湧、张志华

（二）党建活动

图 4-60 李慧琴书记（右一）、陆凤红副馆长（右二）参加党员义务劳动（2019年3月）

2018年7月1日，党总支组织党员到"五七"干校进行参观教育活动。

2019年3月，党总支组织党员在书库开展义务整理图书活动（图4-60）。

2021年7月，党总支举办"向党说句祝福话，誓为党旗增光辉"主题党日活动。

2022年7月1日，为庆祝中国共产党成立101周年，迎接党的二十大胜利召开，党总支举办"喜迎二十大 忆党员初心 过政治生日"主题党日活动（图4-61）。

2023年7月，党总支举办"沿着总书记足迹，感悟思想伟力"主题党日活

图 4-61 主题党日活动（2022年7月1日）

动，参观宁夏工委纪念馆暨党史党性廉政教育基地。

（三）获得的荣誉

2013年，马志霞、蒋伟霞、赵明被校党委授予"优秀共产党员"称号。

2017年7月，图书馆党总支表彰梁晓瑾、武永久、邵晋蓉、蒋伟霞、赵明5名优秀共产党员（图4-62）。

图4-62　表彰优秀共产党员（2017年7月）

2021年6月，武永久、赵明被校党委授予"优秀共产党"称号；信息技术党支部被授予"先进基层党组织"称号（图4-63）。王彦仓荣获校党委授予的"优秀党务工作者"称号（图4-64）。

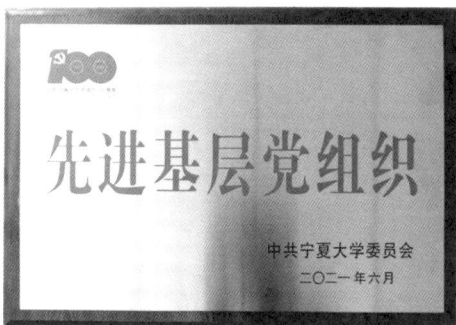

图4-63　信息技术党支部荣获"先进基层党组织"荣誉称号（2021年6月）

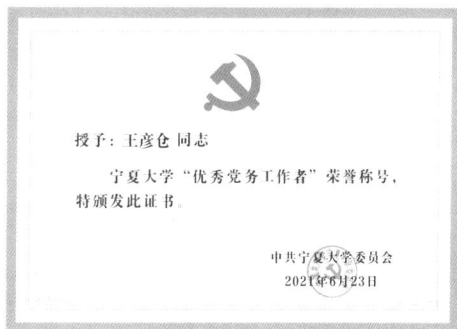

图4-64　王彦仓荣获"优秀党务工作者"荣誉称号（2021年6月）

二、工会工作

（一）组织机构

2013年，图书馆分工会主席门建新，委员：王小莉、梁晓瑾。

2018—2023年，图书馆分工会主席王小莉，委员：李燕、陈晓峰。

（二）获得的荣誉

2020年11月，图书馆分工会荣获宁夏教科文卫体工会授予的"模范职工小家"荣誉称号。

2020年12月，图书馆分工会荣获宁夏大学工会授予的"基层工会先进集体"和"模范职工小家"荣誉称号。

2023年8月，图书馆分工会荣获中国教科文卫体工会全国委员会授予的"模范职工小家"荣誉称号（图4-65）。

图4-65 获得中国教科文卫体工会全国委员会授予的"模范职工小家"荣誉称号（2023年8月）

表4-10 宁夏大学图书馆分工会2018—2023年度获得荣誉一览表

年度	荣誉名称
2018年	宁夏大学第四届教职工乒乓球比赛二等奖
2018年	宁夏大学2018年度基层工会工作先进集体
2019年	宁夏大学第十一届教职工趣味运动会优秀组织奖
2019年	宁夏大学第五届教职工乒乓球比赛二等奖
2019年	2019年度宁夏大学基层工会工作先进集体
2020年	宁夏大学工会"模范职工小家"称号
2020年	宁夏教科文卫体工会"模范职工小家"称号
2020年	2020年度宁夏大学基层工会工作先进集体
2021年	宁夏大学第六届教职工乒乓球比赛团体总分第三名
2021年	宁夏大学庆祝中国共产党成立100周年师生合唱比赛优秀组织奖
2021年	宁夏大学庆祝中国共产党成立100周年教职工健步走挑战赛二等奖
2021年	宁夏大学首届三人制篮球赛优秀组织奖

续表

年度	荣誉名称
2021 年	2021 年度宁夏大学基层工会工作先进集体
2022 年	宁夏大学第七届教职工乒乓球比赛混合团体第六名
2022 年	宁夏大学"喜迎二十大　建功新时代"教职工健步走定向挑战赛一等奖
2022 年	2022 年宁夏大学基层工会工作先进集体
2023 年	宁夏大学第八届教职工乒乓球比赛团体三等奖
2023 年	"喜迎二十大　炫教师风采"教职工才艺展示活动优秀组
2023 年	"踔厉奋发六十五载　笃行实干建功立业"教职工校园健步走定向挑战赛优秀组织奖
2023 年	宁夏大学第十二届教职工趣味运动会优秀组织奖
2023 年	中国教科文卫体工会全国委员会"模范职工小家"称号
2023 年	2023 年宁夏大学基层工会工作先进集体

第十节　获得的荣誉

一、个人荣誉

2015年，赵明、梁晓瑾、郝志红、李燕、王小莉被宁夏高校图工委评为"先进个人"。

2017年，张华、刘志军、张欣、严利民被宁夏高校图工委评为"先进个人"。

2020—2023年，在学校《关于表彰"立德树人奖"获奖人员的决定》中，李燕、张新月、严利民、董湧分别荣获"立德树人岗位标兵"称号。

二、集体荣誉

2014年10月，图书馆荣获国家文化部授予的"全国古籍保护工作先进单位"称号。

2015年，综合部、信息服务部分别被宁夏高校图工委评为"先进集体"。

2017年，采编部、金凤校区流通阅览部分别被宁夏高校图工委评为"先进集体"。

2017年11月1—3日，由教育部高等学校图书情报工作指导委员会、中国图书馆学会高等学校图书馆分会、上海交通大学图书馆主办，山东大学图书馆承办的"第十届图书馆管理与服务创新论坛"在济南举办。大会评选出十年来为论坛做出突出贡献的单位。宁夏大学图书馆荣获优秀组织奖，车进馆长代表图书馆领取了奖杯和证书（图4-66）。

2023年12月，图书馆荣获宁夏图书馆学会"2021—2023年度优秀会员单位"荣誉称号（图4-67）。

图4-66 荣获"图书馆管理与服务创新论坛"优秀组织奖（2017年11月）

图4-67 荣获宁夏图书馆学会"优秀会员单位"称号（2023年12月）

第十一节　协作与交流

一、图书馆学会、高校图工委工作

2013年5月，蔡永贵馆长被聘为第四届教育部高等学校图书情报工作指导委员会委员（图4-68）。

2015年5月，宁夏高校图工委换届，田军仓副校长当选为图工委主任。蔡永贵馆长当选为图工委副主任。

2017年3月，在宁夏图书馆学会第七次会员代表大会上，蔡永贵馆长当选为学会副理事长。

2017年12月29日，车进馆长当选为宁夏高校图工委副主任。

2018年6月22日，宁夏大学图书馆、宁夏高校图工委与北京万方数据公司在宁夏大学国际交流中心联合举办了"2018年宁夏数图新服务应用"讲座。讲座由宁夏大学图书馆

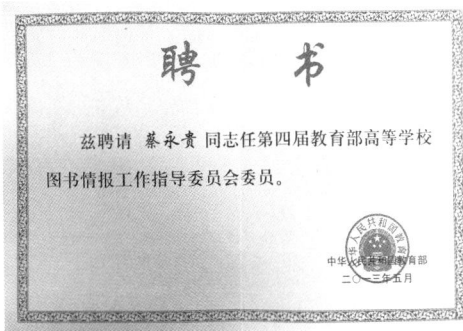

图4-68 第四届教育部高校图工委委员聘书（蔡永贵）

车进馆长主持，宁夏大学原副校长、宁夏高校图工委主任田军仓致辞。来自全区高校图书馆同仁近200人参加了此次讲座。

二、美国国会图书馆专家访问逸夫图书馆

2012年6月4日，美国国会图书馆 Ming Sun Poon 先生、印第安纳大学图书馆 Wen-ling Diana Liu 女士、埃莫瑞大学图书馆 Guo-hua Wang 女士等专家一行在宁夏大学图书馆参观交流，蔡永贵馆长致欢迎词。交流座谈后，专家参观了逸夫图书馆书库及古籍特藏阅览室（图4-69）。

图4-69 马健副馆长（右一）陪同美国图书馆专家参观逸夫图书馆（2012年6月）

三、承办"第七届图书馆管理与服务创新论坛"学术会议

2014年9月21—24日，由教育部高等学校图书情报工作指导委员会、中国图书馆学会高等学校图书馆分会、上海交通大学图书馆主办，宁夏大学图书馆

图 4-70 马应虎副校长致辞
（2014 年 9 月）

承办的"第七届图书馆管理与服务创新论坛"学术会议在银川举办。来自新加坡南洋理工大学、香港理工大学、台湾大学以及北京大学、清华大学、上海交通大学等64所大学图书馆的150余位专家学者参加了会议（图4-70、图4-71）。本次论坛围绕"转型与超越：共筑图书馆发展梦"主题，深入探讨了图书馆的创新转型和可持续发展策略。

图 4-71　与会代表合影（2014 年 9 月）

四、承办2016年中国高校图书馆发展论坛

2016年6月15—17日，由中国图书馆学会高等学校图书馆分会主办，宁夏大学图书馆、教育装备采购网承办的"2016年中国高校图书馆发展论坛"在银川举办，宁夏大学副校长、宁夏高校图工委主任田军仓出席开幕式并致辞（图4-72）。

本次论坛以"机遇与挑战并存——大学图书馆可持续发展策略及实践"为主题，来自国内外近300所高校图书馆及相关机构的代表550余人参加会议（图4-73）。会议内容涉及图书

图 4-72　田军仓副校长致辞
（2016 年 6 月）

馆长远规划与协同发展、深层服务与拓展服务、空间再造及服务推广、服务能力建设及用户信息素质培养、大学图书馆经典案例分享、智库建设及网络信息安全与技术等。

图4-73　中国高校图书馆发展论坛（2016年6月）前排左三：蔡永贵馆长

五、中西部部省合建高校图书馆协作联席会（Z14）

2016年《国务院办公厅关于加快中西部教育发展的指导意见》（国办发〔016〕37号）明确提出"一省一校"原则，在没有教育部直属高校的省区和新疆建设兵团，重点建设河北大学、山西大学、内蒙古大学、南昌大学、广西大学、海南大学、贵州大学、云南大学、西藏大学、青海大学、郑州大学、宁夏大学、新疆大学、石河子大学等14所高校。2016年7月，"中西部一省一校国家重点建设大学联盟（Z14）"正式更名运作，成为教育部振兴中西部高等教育计划的重要组成部分。

根据教育部指示，Z14高校图书馆联合发起成立"中西部部省合建高校图书馆协作联席会"，以"资源共建、服务共享、创新合作、互利共赢"为原则，搭建中西部高校图书馆的发展平台，充分挖掘中西部高校图书馆资源和服务优势，发挥高水平大学图书馆在所在区域的龙头、示范、引领作用，中西部部省合建高校图书馆协作联席会成立。

（一）参加中西部部省合建高校图书馆协作联席会

1. 第一届中西部部省合建高校图书馆协作联席会

2021年6月18日，"中西部部省合建高校图书馆协作联席会"成立会议在山西大学召开。教育部高教司干部王繁、教育部高等学校图书情报工作指导委员会副秘书长王波、山西大学校长黄桂田、副校长孙岩，山西省教育厅高教处张治湘，与来自Z14高校图书馆馆长及代表共同出席（图4-74、图4-75）。会议开

图 4-74　与会代表合影留念（2021 年 6 月）　　　　图 4-75　馆长及馆长代表合影（2021 年 6 月）

幕式由山西大学图书馆馆长肖珑主持。

14所图书馆的馆长或馆长代表签署了《部省合建高校图书馆合作备忘录》，车进馆长代表宁夏大学图书馆签署了备忘录。与会代表召开了第一次工作会议，确定了务实做事的基调，讨论通过工作目标、基本原则和《中西部部省合建高校图书馆协作联席会工作办法》，商定"中西部部省合建高校图书馆协作联席会"每两年为一个主席轮值周期，首任轮值主席为山西大学图书馆馆长肖珑，秘书处设在山西大学。

2. 第二届中西部部省合建高校图书馆协作联席会

2022年8月8—9日，"中西部部省合建高校图书馆协作联席会"第二次工作会议在新疆大学召开，新疆大学党委常委、副校长祖力亚提·司马义、教育部高等学校图书情报工作指导委员会秘书长陈凌、中西部部省合建高校图书馆协作联席会轮值主席肖珑以及12所高校的馆长与代表32人参加了会议（图4-76、图4-77），同时，海南大学、石河子大学代表以线上的方式全程参与。本次会议由中西部部省合建高校图书馆协作联席会主办，新疆大学图书馆承办。王彦仓书记、张红燕副馆长、陆凤红副馆

图 4-76　与会代表合影（2022 年 8 月）

图 4-77 馆长及馆长代表合影（2022 年 8 月）

长以及文献资源建设部副主任史斌参加了本次会议。

（二）承办中西部部省合建高校图书馆协作联席会

2023年8月8日，"中西部部省合建高校图书馆协作联席会"第三次工作会议在宁夏大学召开。本次会议由中西部部省合建高校图书馆协作联席会主办，宁夏大学图书馆承办。

宁夏大学党委副书记周震、教育部高等学校图书情报工作指导委员会秘书长陈凌、中西部部省合建高校图书馆协作联席会轮值主席肖珑先后致辞。来自14所部省合建高校的图书馆领导及业务骨干参加了会议。会议开幕式由宁夏大学图书馆馆长苗福生主持（图4-78~图4-81）。

本次会议商定，"协作联席会"第四次会议于2024年在河北大学举行。

图 4-78 宁夏大学党委副书记周震致辞
（2023 年 8 月）

图 4-79 宁夏大学图书馆馆长苗福生
主持开幕式（2023 年 8 月）

图 4-80　馆长及馆长代表合影
（2023 年 8 月）

图 4-81　与会代表合影
（2023 年 8 月）

第十二节　宁夏大学图书馆（中卫）

　　宁夏大学中卫校区成立于2014年4月，当年8月招生并正式开课。2014年4月—2016年1月，由宁夏大学和中卫市人民政府共同办学。2016年1月，学校与中卫市人民政府签署了《宁夏大学　中卫市人民政府关于宁夏大学中卫校区整体移交协议》（简称《协议》）。《协议》明确中卫校区整体移交宁夏大学，由宁夏大学独立办学。2017年5月，自治区编办批复设立"宁夏大学中卫校区管理办公室"。2022年3月，学校在中卫校区成立博雅书院，并于同年7月，以文化旅游学院、商学院、智能工程与技术学院3个学院及中卫校区公共教学部为基础，在中卫校区组建宁夏大学前沿交叉学院。

　　中卫校区图书馆在中卫校区成立时就开始了建设，其建设和发展划分为创建、中期建设和智慧图书馆建设与服务三个阶段。

一、创建（2014年8月—2015年8月）

2014年8月，宁夏大学中卫校区开始招生。鉴于中卫校区工程建设正在进行，中卫市政府安排中卫市职业技术学校为宁夏大学中卫校区提供教育教学场地，中卫校区图书馆借用中卫市职业技术学校图书馆（图4-82、图4-83）开展工作。图书馆设立图书室、阅览室和电子阅览室3个服务部门，工作人员4人。图书馆初期的藏书主要来源于机构及个人赠书。2014年8月，宁夏大学图书馆抽出专款13万元，根据中卫校区的专业设置，为中卫校区图书馆购置新书3 000余册。

图书馆于2014年9月19日正式开馆。此前宁夏大学图书馆派工作人员到中卫校区图书馆开展业务培训，业务培训包括《中国图书馆分类法》（第五版）使用、编目知识，以及手工借阅的步骤及注意事项。

截至2015年7月，中卫校区图书馆收藏图书2.5万余册。

图4-82 借用中卫职业技术学校图书馆
开展服务（2014年）

图4-83 借用中卫职业技术学校
图书馆的代书板

二、中期建设（2015年9月—2021年6月）

（一）馆舍建设

2015年9月2日，中卫校区图书馆搬迁到新校区学贤楼内，并于9月7日开馆对师生提供服务。图书馆（学贤楼）（图4-84）建筑面积3 106平方米，整体为徽派风格三层框架式建筑物，设置阅览座位82个，借阅及自习室位于馆内一、二楼（图4-85、图4-86），电子阅览室位于馆内三楼。

（二）文献资源建设

2017年3月23日，中卫校区与中卫市图书馆以"共建共享、协调育人、理性

图 4-84　图书馆（学贤楼）外景

图 4-85　阅览室兼自修室

图 4-86　书库

分享、知识服务"为原则，签订了《中卫市图书馆与宁夏大学中卫校区图书馆共建共享协议书》。根据协议，中卫市图书馆宁夏大学中卫校区分馆成立，中卫市图书馆选出500册图书在宁夏大学中卫校区图书馆供师生阅读。中卫校区图书馆负责人万江接受牌匾（图4-87）。

2018年4月27日，车进馆长及相关部门负责人前往中卫校区开展文献资源共享及利用问题的调研。在田军仓副校长的指导下，图书馆与中卫校

图 4-87　万江（右一）接受"中卫市图书馆宁夏大学中卫校区分馆"牌匾（2017 年 3 月）

区负责人就数字文献资源共享、纸质图书"通借通还"以及共同规划设计中卫校区新馆等方面达成一致意见。

2018年5月，图书馆开展"委托借阅"与"通还"服务。中卫校区读者可借阅任一校区图书馆（逸夫图书馆、文萃图书馆、金凤校区图书馆、贺兰山校区图书馆）的图书（网上预约），并可在中卫校区图书馆归还所借图书。

2018年9月，中卫市公益慈善基金会为中卫校区捐赠一批价值20万元的图书，其中8万元图书用于图书馆借阅。

（三）自动化建设

2017年由海恒公司牵头，使用宁夏大学图书馆汇文图书管理系统对中卫校区图书馆的馆藏书刊进行书目数据库建设。2019年9月，中卫校区图书馆开始计算机管理和服务，由此结束了传统的手工借阅方式，为新馆数字化、现代化管理与发展奠定基础。

（四）文化活动

1. 2017年3月16日，图书馆举办阅读推广——牛诗品读活动。邀请中卫市作家协会副主席刘乐牛就诗歌创作与学生现场交流互动。这是图书馆"真人图书馆"系列活动之一（图4-88）。

图4-88 阅读推广——牛诗品读活动（2017年3月）

2. 2019年4月，在4·23世界读书日期间图书馆举办"多读书 读好书"活动。

3. 2021年4月21日，为庆祝中国共产党成立100周年，迎接第26个"4·23世界读书日"，宁夏大学图书馆联合中卫校区商学院开展系列活动（图4-89）。

图4-89　世界读书日活动（2021年4月）
左起：李燕、马玉玲、冯学文（商学院党委书记）、张红燕

三、智慧图书馆建设（2021年7月至今）

（一）宁夏大学图书馆（中卫）整体改造及搬迁

中卫校区图书馆大楼于2015年12月竣工。自中卫市政府2016年正式交付学校以来，因设备设施不全等问题一直未投入使用。

2021年7月，校长办公会议审议通过《宁夏大学中卫校区图书馆建设方案》，利用"双一流"建设资金完成"宁夏大学中卫校区图书馆整体建设项目"。项目要求：按照智慧图书馆功能需求进行整体规划设计，以适应新时代智慧图书馆发展的需求，为读者提供环境优雅、资源丰富的学习环境和空间服务，助力学校"双一流"建设。会议同意将宁夏大学中卫校区图书馆命名为"宁夏大学图书馆（中卫）"。按照"总体布局、模块化设计、分阶段实施"原则，坚持"智能、绿色、开放、典雅"设计理念，对宁夏大学图书馆（中卫）进行整体建设。

经过一年的建设，校园里增添了一座外观端庄大气、内部简约时尚的现代化图书馆。馆内设有智能门禁、大数据智慧墙、书库兼阅览室、新书空间、能量驿站、社团活动室等服务空间及设施（图4-90～图4-96）。2022年7月，宁夏大学图书馆（中卫）新馆搬迁，8月29日正式开馆。新馆建筑面积8 605平方米，藏书8.7万册。

2021年，从逸夫图书馆调拨新书7 981册到中卫校区图书馆。2022年，从逸夫图书馆调拨8万册图书到中卫校区图书馆，丰富了中卫校区图书馆馆藏资源。

图 4-90　宁夏大学图书馆（中卫）

图 4-91　智能门禁系统

图 4-92　服务大厅、大数据智慧墙

图 4-93　书库兼自修室

图 4-94　新书空间

图 4-95　能量驿站

图 4-96　社团活动室

（二）文化氛围及文化活动

"宁夏大学中卫校区图书馆整体建设项目"要求：中卫校区图书馆的整体建设效果要符合学校特色，融入宁夏大学校园文化元素及办学精神。在设计立意中要着重突出宁夏大学文化、精神元素，突出宁夏地区人文特点，务求达到浓厚的文化氛围，让读者在轻松惬意的环境中获取知识和创新发展。

1.彰显校园文化精神的设计

包括："沙枣树精神"浮雕（图4-97）、宁夏大学校训（图4-98）、宁夏大学校徽（图4-99）和电子画屏（图4-100）。

"沙枣树精神"即"不怕困难，不畏风寒，根深叶茂，本固枝荣"。

图 4-97 "沙枣树精神"浮雕

图 4-98 宁夏大学校训——"尚德、勤学、求是、创新"

图 4-99 宁夏大学校徽

图 4-100　电子画屏

2. 文化活动

2023年4月，由图书馆、博雅书院、前沿交叉学院主办，图书馆（中卫）承办的"诗词大会"在三楼报告厅举行（图4-101），博雅书院院长李举、前沿交叉学院党总支书记任磊、博雅书院党委副书记苏军峰、图书馆副馆长马晴及中卫校区馆员和师生代表参加了活动。

图 4-101　"诗词大会"现场（2023 年 4 月）

第五章

古籍保护与利用

宁夏大学图书馆藏古籍大部分是1958年建校后由北京大学等院校捐赠的。1963年6月，学校决定图书馆迁至大红楼一层，线装古籍库在一层的西北角。1980年，图书馆搬入3 260平方米的独立新馆舍，线装古籍在二楼南侧。2002年逸夫图书馆建成后，古籍特藏部位于逸夫图书馆二楼西侧。2023年在图书馆"基础保障建设与升级改造"项目建设中，位于逸夫图书馆二楼北面的原技术部用房划归古籍特藏部，由此，古籍特藏部面积扩大了近两倍，有600余平方米。

1958年图书馆成立后，先后建立了古籍组、古籍部、古籍特藏部。2023年9月26日，宁夏大学古文献保护展示中心揭牌（图5-1），原古籍特藏部更名为古文献特藏部。古文献特藏部的馆藏由原生古籍、民国线装书、民国图书、影印（复制）的新印古籍、古籍数据库等部分组成。

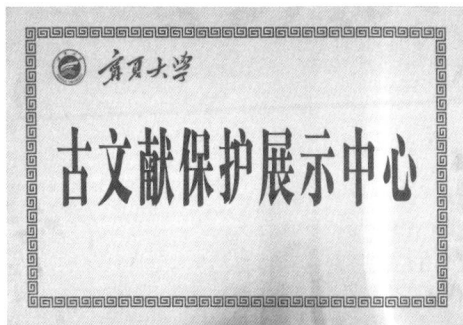

图 5-1　宁夏大学古文献保护展示中心授牌
（2023 年 9 月）

线装古籍是图书馆藏书的一大亮点，国家领导人、自治区领导及专家学者先后参观了线装古籍书库：全国人大常委会副委员长班禅额尔德尼·确吉坚赞（1984年9月），全国人大常委会副委员长雷洁琼（1988年9月），当代著名生物学家、美籍华人牛满江教授及夫人（1993年8月），中共中央政治局委员、国务院副总理李岚清（1995年5月），日本岛根县立国际短期大学校长岛田雅治（1995年11月）（图5-2）和自治区政协副主席马国权（2009年10月）等。

图 5-2　日本岛根县立国际短期大学校长岛田雅治参观线装古籍书库（1995 年 11 月）
左起：安淑英（宁夏大学外国语学院副院长）、岛田雅治、刘玉梅（副馆长）

图 5-3　李星书记在古文献保护展示中心调研（2023 年 4 月）

第一节　古籍文献及特色

一、古籍来源及类型

1959年6月，由教育部统一协调，北京大学、北京体育大学等兄弟院校给图书馆调拨、赠送图书6万册（其中有不少线装古籍书）（图5-4）[①]。从线装书的藏书章来看，宁夏大学图书馆的这些古籍来源于北京大学图书馆（图5-5）、北京法政专门学校、国立新民学院、国立西南联合大学图书馆、燕京大学图书馆、

图 5-4　北京大学图书馆等单位捐赠的线装古籍（1959 年 6 月）

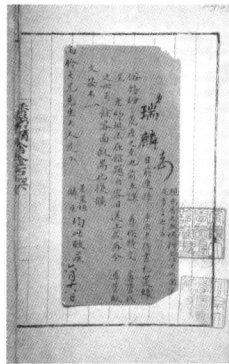

图 5-5　《香楠精舍金石契》（右下角盖有北京大学图书馆藏书章）

[①]《宁夏大学五十年》编写组. 宁夏大学五十年（1958—2008）[M]. 银川：宁夏人民出版社，2008：56.

外交部立法政专门学校图书馆等 ①。图书馆古籍亦有少数为私人捐赠，如《扬州画舫录》书衣有一方形紫印，印文为"故教授丘景民先生遗赠"，由是可知，系丘景民先生捐赠 ②。

1997年四校合并时，原宁夏工学院图书馆的一些古籍（数量不大）和原宁夏教育学院图书馆在建校之初从北京购回的几十包古籍，并入宁夏大学图书馆古籍中 ③。历经60多年的积累，图书馆的馆藏古籍达3 031部、4万余册。约占全区古籍总量的43%，占宁夏高校古籍总量的97.5% ④。

除原生古籍外，图书馆还采购和受赠了一些重要的新印古籍，又购置了多种古籍数据库。不同类型的古籍文献资源，为学校师生开展相关研究提供了全面和便捷的服务。

二、收藏类型及内容

（一）线装古籍

1.古籍清点和整理

图书馆对线装古籍进行大规模的清点和整理有三次。

第一次：1978年，全国图书馆系统在南京召开了一次极为重要的会议，会议传达了周恩来总理"要尽快地把全国善本书总目编出来"的遗愿。会后宁夏成立了编辑古籍善本书总目的领导小组和编辑小组，要求对区内各馆收藏的古籍善本进行一次核实普查。"宁夏大学图书馆领导重视，编辑组人员兢兢业业、埋头苦干。他们从常年无人问津的古书堆中清理出刘宝楠和崇恩的两部稿本 ⑤"

---

① 刘志军，李海燕.宁夏大学图书馆藏古籍书目 [M].北京：国家图书馆出版社，2023：序一，第一页.

② 李又增.宁夏大学图书馆藏经部、史部古籍善本述论 [D].银川：宁夏大学，2009.

③ 刘志军，李海燕.宁夏大学图书馆藏古籍书目 [M].北京：国家图书馆出版社，2023：序一，第1页.

④ 刘志军，李海燕.宁夏大学图书馆藏古籍书目 [M].北京：国家图书馆出版社，2023：序二，第2页.

⑤ 高树榆.要尽快地把全国善本书总目编出来　我区"总目"编辑工作基本结束 [J].宁夏图书馆通讯，1979（3）：47.

（图5-6）。在这次整理的基础上,《汉石例》（刘宝楠录）和《香楠精舍金石契》（崇恩辑）分别在2009年、2010年入选《国家珍贵古籍名录》。

　　1979年9月，全国古籍善本书目编辑组西北验收组到宁夏大学图书馆验收古籍善本图书，确认为善本的共86部1 446册，该馆刘之樾参加验收组赴甘肃、青海、陕西等省进行验收工作[①]。刘之樾在宁夏大学图书馆古籍善本整理中做出重要贡献。"宁夏大学图书馆古籍室的藏书，其中有相当一部分是建校初期北京大学和其他一些大学、专科学校捐赠的。这批书籍的前期分类著录工作，基本上是由图书馆的一位前辈——刘之樾老先生用他大半生的精力独立完成的……为后来馆藏古籍的整理工作奠定了坚实的基础[②]。"

图5-6　刘玉梅整理古籍

　　刘之樾（1917—1988），河北省肃宁县泥洞村人。1938年9月考入燕京大学社会学系，1940年10月转入中国人民大学政治经济系，1942年9月毕业于中国大学。1958年9月从北京回民学院调到宁夏大学图书馆工作。1981年6月，任图书馆采编部主任。1988年，荣获全国高校图工委颁发的从事图书馆工作25年纪念证书。2018年9月，荣获宁夏大学"创校荣誉纪念奖"，是宁夏大学图书馆古籍整理的奠基人（图5-7）。

图5-7　刘之樾工作中

① 西北五省（区）高等学校图书馆工作委员会协作组.西北地区高等学校图书馆的历史与现状 [M].西安：西北工业大学出版社，1989，3：67.

② 刘志军，李海燕.宁夏大学图书馆藏古籍书目 [M].北京：国家图书馆出版社，2023：序二，第1页.

第二次：2007年，《国务院办公厅关于进一步加强古籍保护工作的意见》（简称《意见》）颁布。《意见》指出在"十一五"期间，应大力实施中华古籍保护计划，全面、科学、规范地开展保护工作。在全国开展古籍大普查的背景下，宁夏大学汉语言文学专业古文献学方向的硕士研究生组成古籍普查小组，经过与图书馆协商，在导师胡玉冰教授的指导下，从2007年3月开始，对宁夏大学图书馆藏古籍善本进行全面普查。古籍普查小组对古籍善本的版本信息、古籍等级、古籍破损、保存现状等进行记录。这次普查结果是：宁夏大学图书馆藏古籍2 181种，其中220种可归为善本（经部33种，史部68种，子部46种，集部66种，丛部7种）[①]。

第三次：2011年12月，文化部发布《文化部办公厅关于加快推进全国古籍普查登记工作的通知》（简称《通知》）。《通知》进一步落实了全国古籍普查登记工作。2011年宁夏大学图书馆古籍普查登记工作拉开帷幕，这是图书馆自建馆以来，开展的最全面详尽、细致、规范的古籍普查登记工作。经整理确认，宁夏大学图书馆藏古籍3 000余部，4万余册，善本古籍232部3 644册[②]。

2. 线装古籍的特点

《宁夏大学图书馆藏古籍书目》概述了本馆所藏线装古籍的特点，现摘录如下[③]：

宁夏大学图书馆藏古籍就版本年代而言，其上限为明嘉靖，下限为清末民初。有少数古籍在收录过程中，因版本断代失误而误收为善本。

馆藏古籍涉及经、史、子、集、新学、丛书六个类别。依照《古籍定级标准》的"三性九条"原则，馆藏古籍善本多属三级古籍，少数属四级古籍，均具有较强的历史文物性、学术资料性及艺术代表性。

---

① 李又增. 宁夏大学图书馆藏经部、史部古籍善本述论 [D]. 银川：宁夏大学，2009.
② 刘志军，李海燕. 宁夏大学图书馆藏古籍书目 [M]. 北京：国家图书馆出版社，2023：前言第1页.
③ 刘志军，李海燕. 宁夏大学图书馆藏古籍书目 [M]. 北京：国家图书馆出版社，2023：序一，第1页.

就版本类别来看，绝大多数是刻本，亦有活字本和套印本，其活字印本多是清康乾时期的武英殿活字印本；套印本以清道光十四年（1834）芸叶庵六色套印《杜工部集》最为出色。亦有少量稿本，这方面的代表是清崇恩辑《香楠精舍金石契》，是书为蓝格抄本，版心有"香楠精舍金石契"字样。

就刻书机构而言，有内府刻本、官刻本、坊刻本和家刻本。

就装帧形式而言，因宁夏大学图书馆藏古籍多为明嘉靖至清末民初，故在装帧形式上鲜有变化，多为线装。但亦有例外，如元陈澔撰《礼记集传》，明嘉靖刻本，其装帧形式为蝴蝶装。

就刊刻形态来看，有初刻本、重刻本，大多数为重刻本；就印刷序次来看，有初印本、后印本、重修本、增修本、递修本等；从印刷色彩来看，有朱印本、墨印本。其中有少量古籍的御制序采用朱色印刷，而非传统意义上的朱印本。

从开本来看，馆藏清乾隆七年（1742）刻本《韵府群玉》、清乾隆十六年（1751）清绮轩刻《清绮轩词选》等为袖珍本。从版式上看，馆藏多为白口本。

（二）新印古籍

除原生线装古籍外，图书馆还收藏有大型丛书、类书等新印古籍，现简要介绍2种捐赠的古籍。

1. 摛藻堂《四库全书荟要》

1994年8月11日，在图书馆二楼大厅举行了"净空法师向宁夏大学捐赠《四库全书荟要》仪式"。净空法师的胞弟徐业华先生（上海医科大学副教授），复旦大学副校长、党委副书记宗有恒教授，复旦大学统战部部长鄂基瑞副教授，复旦大学图书馆馆长秦曾复教授等专程前来参加捐赠仪式。宁夏教育厅高教处吕进处长，宁夏大学张奎校长、李树江副书记、刘世俊副校长等参加了捐赠仪式（图5-8）。影印摛藻堂《四库全书荟要》（约30部，500巨册，价值人民币20多万元），成书于清乾隆四十三年（1778），计收书463种，20828卷，集《四库全书》的精粹[①]。

---

① 周鹏起.我校受赠影印摛藻堂《四库全书荟要》一部 [N].宁夏大学报，1994-09-15：（2）.

图 5-8　影印本摛藻堂《四库全书荟要》捐赠仪式（1994 年 8 月）

2.《中华再造善本》

2005年2月，教育部下发《关于实施〈中华再造善本〉进校园计划的通知》，为全国100所高校各配备一套《中华再造善本》，宁夏大学名列其中。

《中华再造善本》共分五编，自唐迄清为《唐宋编》《金元编》《明代编》《清代编》《少数民族文字文献编》（专门收录用少数民族文字书写、颁行的古籍）。在选收版本中，大抵宋元以前从宽，明清两代从严，反复比较，众里挑一，最看重的是其版本的代表性和重

图 5-9　《中华再造善本》陈列专柜

要性，尽可能选择卷帙完足的版本，其中有很多书是《四库全书》《四部丛刊》未录入的。《中华再造善本》前后四批到馆，共计1 341种，13 396册（图5-9）。

此外，图书馆新印古籍还有《文渊阁影印本四库全书》《四部丛刊》（初编、续编、三编)《丛书集成》《古今图书集成》《稀见清代四部辑刊》等大型丛书和类书。

（三）古籍数据库

图书馆购置的古籍数据库有：瀚堂典藏古籍库、爱如生古籍库、书同文古籍数据库、民国图书数据库、中华经典古籍库、鼎秀古籍全文检索平台、汉籍典藏域外古籍数据库等。

第二节　古籍基础业务工作

一、古籍分类

1979年4月，图书馆采用《四库全书总目》类分古籍线装图书，并制定了《古籍线装图书分类规则》^①。

对1997年并入宁夏大学图书馆的原宁夏工学院、原宁夏教育学院图书馆的古籍按照经、史、子、集、丛进行分类。

图书馆收藏的新印古籍，如《中华再造善本》等采用《中图法》分类。

二、古籍编目

古籍编目以图书馆引进计算机管理系统为界限，1999年图书馆引进深圳大学SULCMIS Ⅲ图书管理系统（简称深大系统），套用数据分类编目馆藏古籍。在引进深大系统之前采取手工编目方式。2008年7月，图书馆引进汇文图书管理系统，更换深大系统。此后古籍编目采用汇文图书管理系统。

三、古籍管理规章制度

完善的古籍管理制度使古籍管理制度化、规范化和常态化，也是确保馆藏古籍安全保存和合理利用的重要措施。2007年6月，在编印的《宁夏大学图书馆规章制度》中，有《图书馆古籍、特藏阅览室规则》，对本室提供的线装、影印古籍等珍贵图书实行半开架阅览。2023年9月，图书馆全面修订各项规章制度，完成了《古文献保护展示中心岗位职责及管理制度汇编》（以下简称《汇编》）。《汇编》包括《部门主任岗位职责》《古籍阅览与古籍书库管理岗位职责》《古籍阅览与书库管理制度》等8项制度。

---

① 西北五省（区）高等学校图书馆工作委员会协作组.西北地区高等学校图书馆的历史与现状 [M].西安：西北工业大学出版社，1989，3：64.

四、馆藏古籍书目数据库建立

2009年，图书馆建立了"宁夏大学馆藏古籍书目数据库"。对2 183种（27 197册）古籍进行了计算机数据录入工作（善本古籍220种，3 562册；普通古籍1 963种，23 635册）。该书目数据库在图书馆网站上发布，实现了馆藏古籍（原生古籍）书目的网上查找。

第三节　参与"中华古籍保护计划"

2007年1月，国务院办公厅颁布《关于进一步加强古籍保护工作的意见》。为落实国务院文件精神，文化部于2007年2月在北京召开全国古籍保护工作会议，标志着"中华古籍保护计划"正式启动。

一、古籍普查登记

2009年5月，经自治区人民政府批准，宁夏古籍保护中心（设在宁夏图书馆）成立，其职能是宁夏古籍普查工作的登记中心和培训中心，同时承担领导小组办公室职能。宁夏大学图书馆第三次古籍普查就是在宁夏古籍保护中心指导下开展了大量工作：2011年利用"全国古籍普查系统"和"高校古文献资源库古籍著录系统"录入数据，截至11月30日，共录入书目数据3 000余条，整理古籍3万余册；对已建库古籍进行增加书影、定级定损工作；完善古籍书目数据及古籍书影；数字化古籍；配合宁夏古籍保护中心完成古籍数据的复检及纠错工作，等等。

二、珍贵古籍名录申报

图书馆积极参与《国家珍贵古籍名录》申报工作，向国家古籍保护中心提交《国家珍贵古籍名录申报书》和古籍的卷端、封面书影，并附书目及书影光盘等。经文化部评审,2009年,《汉石例》（六卷）入选《第二批国家珍贵古籍名录》

（图5-10）；2010年，《香楠精舍金石契》（不分卷）入选《第三批国家珍贵古籍名录》（图5-11）；2020年，《河东先生集》（十五，附录一卷）入选《第六批国家珍贵古籍名录》（图5-12）。

图 5-10　《汉石例》获《国家珍贵古籍名录》证书（2009 年 6 月）

图 5-11　《香楠精舍金石契》获《国家珍贵古籍名录》证书（2010 年 6 月）

图 5-12　《河东先生集》获《国家珍贵古籍名录》证书（2020 年 10 月）

三、入选全国古籍重点保护单位

在图书馆领导的高度重视、古籍特藏部工作人员的不懈努力下，图书馆古籍经过几年的整理、普查登记、保护和研究，取得了显著成绩。2014年10月，文化部特授予全国81个单位为"全国古籍保护工作先进单位"，宁夏大学图书馆获此荣誉（图5-13）。

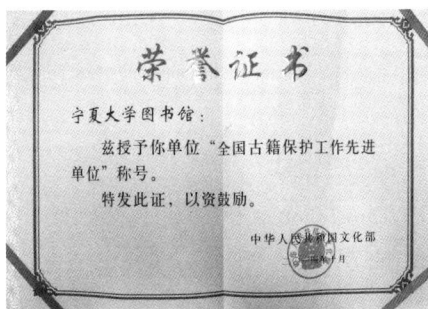

图 5-13　"全国古籍保护工作先进单位"荣誉证书（2014 年 10 月）

四、改善古籍存藏环境

2022年，宁夏大学党委书记李星以及分管图书馆工作的副校长郎伟从各自的办公经费中分别拨出5万元和3万元用于支持古籍函套（一期）制作，于当年完成制作并交付古籍特藏部。

图 5-14 古文献展厅（2023 年 5 月马谦摄）

2023年5月，古籍书库升级改造项目完成，恒温恒湿古籍书库、古文献展厅（图5-14）以及古籍修复室投入使用。

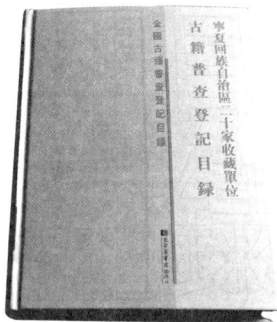

图 5-15 《宁夏回族自治区二十家收藏单位古籍普查登记目录》（2020 年 6 月）

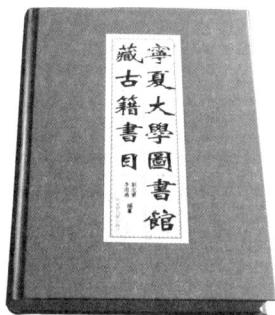

图 5-16 《宁夏大学图书馆藏古籍书目》（2023 年 6 月）

五、古籍整理与出版

1989年，古籍部在古籍整理的基础上编写了《宁夏大学图书馆线装古籍善本书目》，油印内部发行。

2020年6月，《宁夏回族自治区二十家收藏单位古籍普查登记目录》由国家图书馆出版社出版（图5-15）。本书收录了宁夏吴忠市图书馆、固原市图书馆、宁夏大学图书馆等20家古籍收藏单位的3 826种51 995册古籍，其中包括宁夏大学图书馆藏古籍2 831部37 597册。

2023年6月，由刘志军、李海燕编纂的《宁夏大学图书馆藏古籍书目》由国家图书馆出版社出版（图5-16）。本

书按照经部、史部、子部、集部、新学部、类丛六部对宁夏大学图书馆收藏的
3 031部、4万余册古籍进行编排。

第四节　古籍宣传展示活动

图书馆举办了多场古籍宣传和展
示活动，通过系列宣传活动，彰显古
籍保护在促进经济发展、推动社会进
步、拓展人文交流中的积极作用，营
造出全社会共同关注、保护古籍的良
好氛围。

2009年6月，"国家珍贵古籍特展"
在北京图书馆（现中国国家图书馆）
举办，我馆《汉石例》（图5-17）参

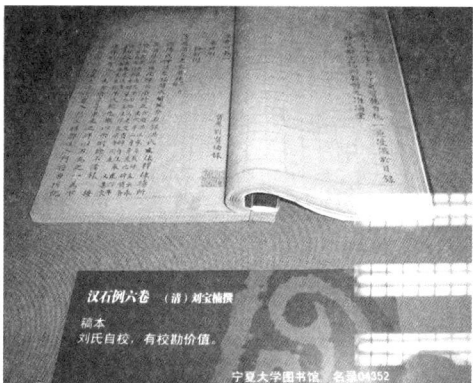

图 5-17　《汉石例》参加"国家珍贵古籍特展"（2009 年 6 月）

展并获得经国务院批准，国家文化部颁发的证书。在全国范围内宣传了宁夏大
学图书馆古籍善本。

图 5-18　"古籍保护　你我同行——古籍修复技艺进校园"（2019 年 6 月）

2019年6月19日，宁夏图书
馆、宁夏古籍保护中心，联合宁
夏大学图书馆举办了"古籍保
护　你我同行——古籍修复技艺
进校园"活动（图5-18），宣传
古籍保护理念，让师生体验古籍
修复技艺，并邀请宁夏大学人文
学院院长胡玉冰作了《宁夏古文
献漫谈》讲座。同时，"走进《四库全书》"展览在逸夫图书馆一楼大厅同步进行，
以展板展示形式向读者展现《四库全书》的来龙去脉（图5-19）。

图 5-19 "走进《四库全书》"展览

2022年4月，图书馆举办"携书如历三千世　无书唯度一平生"古籍展览。

2022年6月，图书馆举办"喜迎二十大　馆员展风采"微视频比赛，古籍特藏部提交的作品《故纸堆里，守护文明》因构思独特、画面唯美，获比赛一等奖。

2023年6月，古籍特藏部制作展板开展"典籍里的中国智慧"阅读推广活动。

第六章

CALIS 宁夏中心 / CASHL

CALIS宁夏回族自治区文献信息服务中心

CALIS Ningxia Hui Autonomous Regional
Information Center

第一节　CALIS及CALIS宁夏中心

一、中国高等教育文献保障系统（CALIS）

中国高等教育文献保障系统（China Academic Library & Information System，简称CALIS），是经国务院批准的我国高等教育"211工程""九五""十五"总体规划中3个公共服务体系之一。CALIS的宗旨是：在教育部的领导下，把国家的投资、现代图书馆理念、先进的技术手段、高校丰富的文献资源和人力资源整合起来，建设以中国高等教育数字图书馆为核心的教育文献联合保障体系，实现信息资源共建、共知、共享，以发挥最大的社会效益和经济效益，为中国高等教育服务。

CALIS管理中心设在北京大学，下设文理、工程、农学、医学4个全国文献信息服务中心，华东北、华东南、华中、华南、西北、西南、东北7个地区文献信息服务中心和1个东北地区国防文献信息服务中心。CALIS构建的三级服务保障体系以4大全国中心、7个地区中心、31个省中心为骨干脉络，覆盖全国31个省（自治区、直辖市）和港澳地区，是全球规模最大的高校图书馆联盟。

CALIS经历了4个发展阶段。"九五"建设（1998—2001年）：自动化时代印本资源共享体系；"十五"建设（2004—2006年）：分布式高等教育数字图书馆；"三期"建设（2010—2012年）："云上的"信息服务协作网络；CALIS运维与创新（2013年以后）：新时代的高校图书馆建设。

二、CALIS宁夏回族自治区文献信息服务中心建立

宁夏大学图书馆在CALIS三期建设中申请成为CALIS宁夏回族自治区文献信息服务中心牵头建设单位。2010年6月1日，宁夏大学向宁夏教育厅提交"关于承建CALIS省级文献信息中心的请示"（图6-1）。6月9日，宁夏教育厅下达《自治区教育厅关于宁夏大学承建"CALIS省级文献信息服务中心"的

批复》。6月12日，宁夏大学发布《关于确定图书馆为"CALIS宁夏省级文献信息服务中心"牵头建设单位的通知》（图6-2）。9月20日，梁向明馆长应邀赴北京大学参加"CALIS三期项目建设暨服务启动大会"（图6-3），此次会议正式确定宁夏大学图书馆为"CALIS宁夏回族自治区文献信息服务中心"（简称CALIS宁夏中心）承建单位，成为当时全国28个CALIS省（市、区）中心之一。梁向明馆长代表中心接受了牌匾（图6-4），并签订了承建协议书。

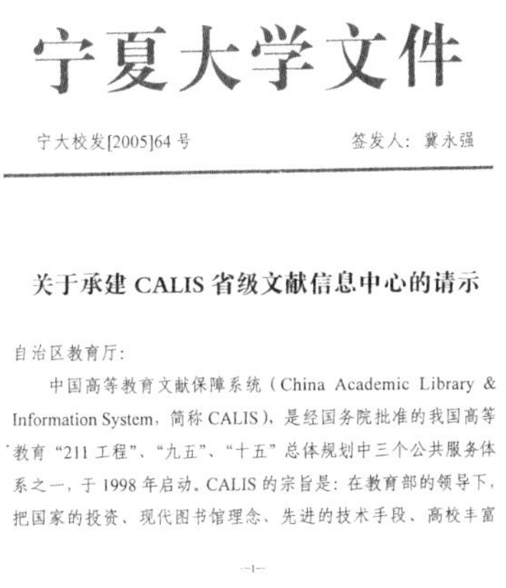

宁夏大学文件

宁大校发[2005]64号　　　　　签发人：冀永强

关于承建 CALIS 省级文献信息中心的请示

自治区教育厅：

　　中国高等教育文献保障系统（China Academic Library & Information System，简称 CALIS），是经国务院批准的我国高等教育"211 工程"、"九五"、"十五"总体规划中三个公共服务体系之一，于 1998 年启动。CALIS 的宗旨是：在教育部的领导下，把国家的投资、现代图书馆理念、先进的技术手段、高校丰富

— 1 —

图6-1　宁夏大学向宁夏教育厅提交承建"CALIS 省级文献信息中心"的请示文件（2010 年 6 月 9 日）

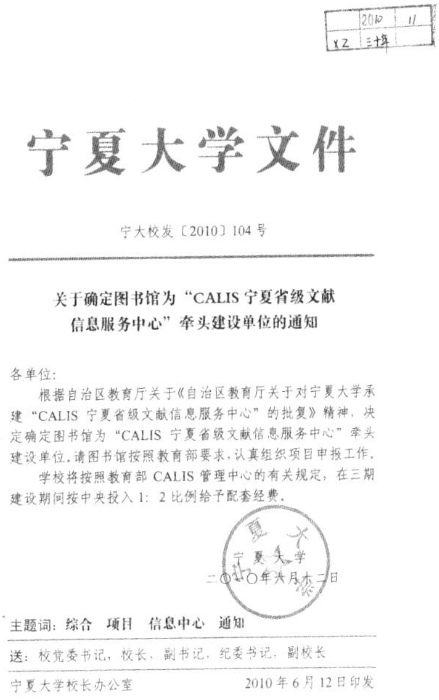

宁夏大学文件

宁大校发〔2010〕104 号

关于确定图书馆为"CALIS宁夏省级文献信息服务中心"牵头建设单位的通知

各单位：

　　根据自治区教育厅关于《自治区教育厅关于对宁夏大学承建"CALIS宁夏省级文献信息服务中心"的批复》精神，决定确定图书馆为"CALIS宁夏省级文献信息服务中心"牵头建设单位，请图书馆按照教育部要求，认真组织项目申报工作。

　　学校将按照教育部CALIS管理中心的有关规定，在三期建设期间按中央投入1：2比例给予配套经费。

二〇一〇年六月十二日

主题词：综合　项目　信息中心　通知

送：校党委书记、校长、副书记、纪委书记、副校长

宁夏大学校长办公室　　　　　　　2010 年 6 月 12 日印发

图6-2　宁夏大学确定图书馆为"CALIS宁夏省级文献信息服务中心"牵头建设单位的文件（2010 年 6 月 12 日）

三、CALIS宁夏中心组成

　　CALIS宁夏中心是我国高等教育文献保障体系的重要组成部分，是连接中央政府投资为主建设的国家级文献信息保障系统与地方政府投资为主建设的省级文献信息保障系统的枢纽，是宁夏高校文献信息资源共享体系建设的牵头单位。CALIS宁夏中心在宁夏教育厅的指导与支持下，结合CALIS三期建设目标，

图6-3 梁向明馆长（左三）接受"CALIS
宁夏中心"牌匾（2010年9月20日）

图6-4 CALIS宁夏中心牌匾

建立全区文献信息保障系统，将CALIS各项服务推广到宁夏各大专院校，为宁夏经济发展和社会进步提供高效的文献资源与信息保障。

首先，成立了"CALIS宁夏省级文献保障系统建设领导小组"，该小组由宁夏教育厅副厅长、高教处处长及各高校分管图书馆工作的校长（副校长）组成。其次，在牵头建设单位宁夏大学设立"CALIS宁夏省（区）级文献保障系统管理中心"，由宁夏大学分管图书馆工作的副校长及各高校图书馆馆长组成。最后，"CALIS宁夏省（区）级文献保障系统管理中心"下设办公室，负责处理日常事务。办公室设在宁夏大学图书馆，办公室主任由宁夏大学图书馆副馆长张红燕担任（图6-5），工作人员由宁夏大学图书馆信息与技术服务部多年从事文献传递、参考咨询、信息素质教育和网络维护的工作人员兼职。

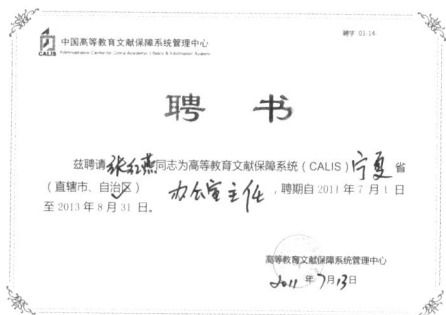

图6-5 张红燕被聘为CALIS宁夏中心办公室主任（2011年7月）

四、CALIS宁夏中心的建设目标和建设任务

CALIS宁夏中心的总体建设目标是：经过"十五"期间的建设，依托"中国高等教育文献保障系统（CALIS）"的建设成果，构建面向全区高等院校的数字化文献信息保障服务体系，它以系统化、数字化的学术信息资源为基础，以

先进的数字图书馆技术为手段，以国家教育科研网（CERNET）为依托，为宁夏高等学校教学、科研和重点学科建设提供高效率、全方位的文献信息保障与服务，成为我区经济和社会发展的重要基础设施。

主要建设任务：将我区文献信息保障体系建设与 CALIS 体系建设连接起来，加强 CALIS 现有三级保障体系（全国中心、地区中心 / 省中心和各个高校图书馆）的保障与服务能力，将省文献信息服务中心建成面向全区各级各类高校图书馆和读者的"资源整合中心""信息服务中心""技术支持中心"和"宣传培训中心"。CALIS 宁夏中心的建立，将充分发挥其对全区高校图书馆的组织与协调作用。我区高校文献保障系统，将成为中国高等教育数字图书馆的重要组成部分，使本地区10余所高校图书馆受益；实现文献信息资源共知、共建、共享，深化资源的有效利用和开发，形成强有力的省（区）级文献保障服务能力。

五、项目建设总投资及投资构成

（一）CALIS 管理中心拨款为50万元，其中15万元由 CALIS 管理中心统一采购培训环境所需的设备；35万元作为省中心建设经费。

（二）宁夏教育厅下达100万元用于支持 CALIS 宁夏中心的工作。

（三）宁夏大学在2010年从"211工程"建设专项经费中拨款为 CALIS 宁夏中心培训教室配置桌椅等家具，支持 CALIS 宁夏中心的建设。

第二节　CALIS 宁夏中心工作

一、CALIS 宁夏中心工作会议

（一）CALIS 宁夏中心启动会议

2011年4月27日,CALIS 宁夏中心启动会议在宁夏大学图书馆举行（图6-6）。宁夏大学副校长、CALIS 宁夏中心建设领导小组副组长李星与会并发表讲话（图

图 6-6　CALIS 宁夏中心启动会
（2011 年 4 月）

6-7）。宁夏大学图书馆馆长、CALIS 宁夏中心副主任梁向明介绍了 CALIS 宁夏中心的申办过程以及自治区教育厅对建设宁夏高等教育文献保障系统的高度重视（图6-8）。来自全区12所高校图书馆的馆长及负责本馆 CALIS 工作的相关人员共计25人参加了会议。这次会议标志着 CALIS 宁夏中心工作的启动。

图 6-7　李星副校长致辞

图 6-8　梁向明馆长发言

（二）举办宁夏高校图工委2014年工作会议暨CALIS 宁夏中心2014年工作会议

2014年4月15日，宁夏高校图工委2014年工作会议暨CALIS 宁夏文献信息服务中心2014年工作会议在宁夏大学图书馆召开，来自全区16所高校的图书馆馆长参加会议（图6-9）。宁夏高校图工委副主任、宁夏医科大

图 6-9　宁夏高校图工委 2014 年工作会议暨 CALIS 宁夏中心工作会议

学图书馆馆长王慧芳主持会议。

宁夏高校图工委副主任、秘书长、宁夏大学图书馆馆长蔡永贵就2013年图工委工作情况作了汇报。图工委副主任、副秘书长、北方民族大学图书馆馆长陈永平就图工委2014年工作安排作了具体说明。宁夏大学图书馆副馆长张红燕向与会代表介绍了CALIS宁夏中心工作及各成员馆的服务情况，鼓励我区高校图书馆充分利用CALIS文献传递系统为各高校图书馆读者提供服务。

（三）举办宁夏高校图工委暨CALIS宁夏中心2015年会议

2015年5月8日，宁夏高校图工委2015年第一次工作会议暨CALIS宁夏中心2015年第一次工作会议在宁夏大学图书馆召开，来自全区17所高校图书馆及宁夏党校图书馆、宁夏医科大附属总医院图书馆馆长及负责人参加会议（图6–10）。宁夏高校图工委主任、宁夏大学

图6–10　宁夏高校图工委暨CALIS宁夏中心2015年会议

副校长田军仓到会致辞并对会议的召开表示祝贺。图工委副主任、秘书长、宁夏大学图书馆馆长蔡永贵总结汇报了2014年宁夏高校图工委工作；宁夏大学图书馆副馆长、CALIS宁夏中心办公室主任张红燕汇报介绍了CALIS发展现状及CALIS宁夏中心2015年工作计划。

二、CALIS宁夏中心建设情况

（一）签署《CALIS服务协议》，发展成员馆

为促进CALIS建设成果的推广利用，扩大信息资源共建共享范围，营造更有益于教学科研服务环境，根据《CALIS服务办法》，成员馆需签订《CALIS服务协议》，明确三方的权利与义务。三方即甲方：中国高等教育文献保障系统（CALIS）管理中心；乙方：CALIS宁夏中心；丙方：各高校图书馆。

宁夏大学（含宁夏大学新华学院）、宁夏医科大学、北方民族大学、宁夏师范学院、宁夏职业技术学院、宁夏财经职业技术学院、宁夏工商职业技术学院、宁夏建设职业技术学院、宁夏理工学院、宁夏司法警官职业学院、宁夏工业职业学院、中国矿业大学银川学院、银川科技职业学院、宁夏防沙治沙职业技术学院、宁夏民族职业技术学院共计15所高校图书馆均签署了"三方协议"，成为CALIS成员馆，实现了CALIS成员馆在宁夏的全覆盖。

（二）建立"CALIS宁夏文献信息服务中心"网站（http：//www.nx.calis.edu.cn）（图6-11）

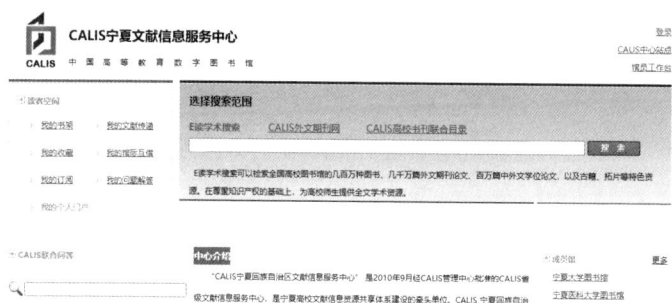

图6-11　CALIS宁夏中心网站

该网站集成了CALIS E读、CCC、联合目录数据库、参考咨询等服务，整合了CALIS与宁夏文献保障体系的资源与服务。特别是E读，集中反映了宁夏高校图书馆的文献资源（仅限于中文图书），由此形成区域性联合目录，实现了书目信息的共知与共享。此外，读者通过E读可查找630余万种中文图书，其中160万余种提供部分试读，30万余种可免费阅读全文。

（三）开展业务培训

首先，搭建了业务培训环境：1.建立了CALIS宁夏中心云服务平台，支撑运行CALIS管理中心部署在宁夏的租用系统，为宁夏各高校图书馆开通了统一认证系统、馆际互借／文献传递系统、虚拟参考咨询系统以及联合编目系统（见表6-1）。2.建立了培训教室：宁夏大学图书馆提供教室及桌椅等家具；CALIS管理中心为培训教室配备了服务器、计算机、投影机等设备。

表6-1 成员馆应用系统开通使用情况一览表

序号	成员馆	统一认证系统	馆际互借/文献传递系统	虚拟参考咨询系统	联合编目系统
1	宁夏大学图书馆（含宁夏大学新华学院）	√	√	√	√
2	宁夏医科大学图书馆	√	√	√	√
3	北方民族大学图书馆	√	√	√	√
4	宁夏师范学院图书馆	√	√	√	√
5	中国矿业大学银川学院图书馆	√	√	√	
6	宁夏职业技术学院图书馆	√	√	√	
7	宁夏财经职业技术学院图书馆	√	√	√	√
8	宁夏工商职业技术学院图书馆				
9	宁夏司法警官职业学院图书馆	√	√	√	
10	银川科技职业学院图书馆	√	√	√	
11	宁夏建设职业技术学院图书馆				
12	宁夏工业职业学院图书馆				
13	宁夏理工学院图书馆	√	√	√	√
14	宁夏民族职业技术学院图书馆				
15	宁夏防沙治沙职业技术学院图书馆				

CALIS宁夏中心馆员培训分为三个层次：一是组织成员馆参加CALIS管理中心举办的培训活动，为宁夏高校完成所承担的CALIS三期建设任务培养人才；二是结合宁夏高校图书馆现代化建设需要，与宁夏高校图工委联合举办专业人员业务培训；三是举办CALIS业务培训，如馆际互借/文献传递、虚拟参考咨询等，使各成员馆完成具体的建设任务。

1.组织成员馆参加 CALIS 管理中心举办的培训

为了更好地发挥"培训中心"的功能和作用，CALIS 宁夏中心积极组织成员馆参加 CALIS 管理中心举办的各种培训活动。2011年派10人次赴北京、武汉、西安等地参加 CALIS 管理中心组织的馆际互借／文献传递、特色库系统、学科馆员、云计算等培训。如："CALIS 三期第二次馆际互借业务培训会议""CALIS 三期特色库通用系统1.0版培训会议"和"CALIS 三期第一次省级共享域中心管理员培训会议"。宁夏医科大学图书馆郎燕、宁夏大学图书馆郝志红在北京大学图书馆参加 CALIS 馆际互借业务培训；北方民族大学图书馆严晓媛被 CALIS 三期馆员素养与资质认证子项目录取为访问馆员，赴四川大学图书馆进行学习交流；宁夏大学图书馆史斌得到 CALIS 科技查新馆员培训资助，在上海交通大学图书馆进行学习。这些培训和进修活动对提升宁夏高校图书馆工作人员的业务素质和专业技能发挥了重要作用。

2.结合宁夏高校图书馆现代化建设需要，与宁夏高校图工委联合举办馆员业务培训

图6-12　CALIS 宁夏中心业务培训暨
第四届宁夏高校图书馆馆员业务培训班

（1）2011年6月13—19日，CALIS 宁夏中心与宁夏高校图工委联合举办"第四届宁夏高校图书馆馆员业务培训班"，对来自全区12所高校图书馆的42名馆员进行了文献传递／馆际互借以及学科服务等方面的业务培训（图6-12）。通过培训使更多的高校图书馆馆员了解、使用和宣传 CALIS，从而最大限度地满足我区高校读者的文献信息需求，为宁夏高校的教学、科研和学科建设提供高效的文献信息服务。

（2）2014年6月13日，CALIS 宁夏中心与宁夏高校图工委联合举办为期一

周的"第五届宁夏高校图书馆馆员业务培训班"，对来自全区17所高校图书馆的50余名馆员进行了业务培训。培训内容包括 CALIS 应用及 CALIS 工作研讨。

3.CALIS 业务培训

（1）2011年11月1日，在宁夏大学图书馆举办"馆际互借 / 文献传递培训班"，来自全区11所高校图书馆的23名工作人员参加了培训（图6-13）。CALIS 管理中心为本次培训开通了统一认证系统和馆际互借系统租用版培训环境，使学员在网络环境下学习了文献传递系统的使用。培训以讲座和上机实习相结合，聘请了宁夏医科大学和北方民族大学图书馆的两位老师进行上机指导。

（2）2011年12月在宁夏大学图书馆举办"CALIS 宁夏中心馆际互借 / 文献传递"座谈会（图6-14）

（3）2012年3月13日，在宁夏大学图书馆举办"CALIS 虚拟参考咨询培训班"，来自全区11所高校图书馆的20名工作人员参加了培训（图6-15）。

图 6-13　宁夏大学图书馆举办"CALIS 宁夏中心馆际互借 / 文献传递培训班"（2011 年 11 月）

图 6-14　"CALIS 宁夏中心馆际互借 / 文献传递"座谈会（2011 年 12 月）

图 6-15　CALIS 虚拟参考咨询培训班（2012 年 3 月）

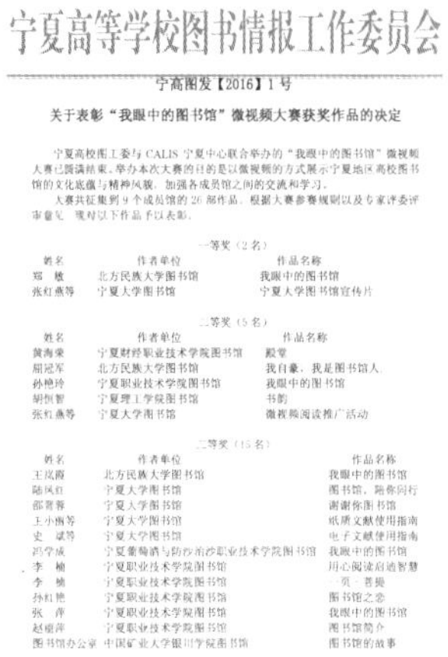

图 6-16　宁夏高校图工委表彰文件

此外，宁夏高校图工委与 CALIS 宁夏中心联合举办"我眼中的图书馆"微视频大赛。为展示宁夏高校图书馆的文化底蕴与精神风貌，加强各成员馆之间的交流与学习，2016年5月，宁夏高校图工委联合 CALIS 宁夏中心举办微视频征集大赛。大赛共收到9个成员馆的26部作品，图工委组织专家对参赛作品进行评奖，于2016年7月12日对获奖作品进行表彰（图6-16）。其中，一等奖2名、二等奖5名、三等奖15名。获奖名单见表6-2。

表 6-2　"我眼中的图书馆"微视频大赛获奖名单

奖次	获奖者	作者单位	作品名称
一等奖	郑　敏	北方民族大学图书馆	《我眼中的图书馆》
一等奖	张红燕等	宁夏大学图书馆	《宁夏大学图书馆宣传片》
二等奖	黄海荣	宁夏财经职业技术学院图书馆	《殿堂》
二等奖	屈冠军	北方民族大学图书馆	《我自豪，我是图书馆人》
二等奖	孙艳玲	宁夏职业技术学院图书馆	《我眼中的图书馆》
二等奖	胡恒智	宁夏理工学院图书馆	《书韵》
二等奖	张红燕等	宁夏大学图书馆	《微视频阅读推广活动》
三等奖	王岚霞	北方民族大学图书馆	《我眼中的图书馆》
三等奖	陆凤红	宁夏大学图书馆	《图书馆，陪你同行》
三等奖	邵晋蓉	宁夏大学图书馆	《谢谢你，图书馆》
三等奖	王小莉等	宁夏大学图书馆	《纸质文献使用指南》
三等奖	史　斌等	宁夏大学图书馆	《电子文献使用指南》

续表

奖次	获奖者	作者单位	作品名称
三等奖	冯学成	宁夏葡萄酒与防沙治沙职业技术学院图书馆	《我眼中的图书馆》
三等奖	李　楠	宁夏职业技术学院图书馆	《用心阅读启迪智慧》
三等奖	李　楠	宁夏职业技术学院图书馆	《一页一菩提》
三等奖	孙红艳	宁夏职业技术学院图书馆	《图书馆之恋》
三等奖	张　萍	宁夏职业技术学院图书馆	《我眼中的图书馆》
三等奖	赵丽萍	宁夏职业技术学院图书馆	《图书馆简介》
三等奖	图书馆办公室	中国矿业大学银川学院图书馆	《图书馆的故事》
三等奖	邓　鹤	宁夏师范学院图书馆	《One Day》
三等奖	刘佩琳	北方民族大学图书馆	《我眼中的图书馆》
三等奖	王　钢	宁夏建设职业技术学院图书馆	《我眼中的图书馆》

（四）建设效益

1. 初步建立了宁夏高等教育文献保障系统

（1）购置电子文献资源

与各高校成员馆协商，CALIS宁夏中心将教育厅支持其建设的100万元经费用于购买电子文献资源，其中50万元购买超星电子图书（3.3万种），另50万元购买万方学术视频（5 000集），这些电子文献资源提供给全区15家高校成员馆使用。

（2）文献传递服务

中国高等教育文献保障系统建设的核心在于"保障"。馆际互借／文献传递是利用"外延馆藏"解决本馆馆藏文献不足、提升服务能力的重要途径。

CALIS文献传递系统为宁夏高校图书馆搭建了统一的网络文献传递服务平台，CALIS管理中心及CALIS宁夏中心举办的"馆际互借／文献传递"业务培训，为开展文献传递作了积极的人员准备。文献传递成为宁夏高校图书馆弥补馆藏资源不足，满足读者多元化、多层次信息需求的重要途径。

（3）建立了宁夏高校图书馆图书联合目录

在宁夏10所高校图书馆提交馆藏数据的基础上，通过 CALIS E 读形式，建立了宁夏高校图书馆图书联合目录，使读者相互了解各馆的馆藏情况，为馆际互借创造基本的"共知"条件，"共知"是"共享"的前提。

（4）外文期刊网（CCC）使用

西文期刊目次库 CCC（CALIS Current Contents of Western Journals，简称 CCC）是外文期刊综合服务平台，它全面揭示高校纸本期刊和电子期刊，为用户提供一站式期刊论文检索及获取全文服务。CCC 每日发布"成员馆使用排行榜 TOP100"，宁夏大学图书馆排行榜的最好成绩是2011年11月29日，名列全国高校馆第29名；2012年3月23日，宁夏3所高校图书馆榜上有名：宁夏大学图书馆位列全国高校第81名，宁夏医科大学图书馆名列第94名，北方民族大学图书馆名列第95名。

2. 7所高校馆开通使用 CALIS 联机合作编目系统

文献编目是图书馆的一项基础性、长期性工作。多年来，宁夏高校图书馆或手工录入书目数据，或采用书商提供的编目数据，缺乏统一的规范和标准，因而编目数据详略不一，编目水平参差不齐。在 CALIS 宁夏中心的协调组织下，7所高校馆开通使用了 CALIS 联机合作编目系统（见表6-1），提高了编目效率，改善了编目质量。

（五）CALIS 宣传

宁夏15所高校图书馆签署"三方协议"，即将 CALIS 资源与服务推广到全区所有大专院校。CALIS 宁夏中心为文献传递示范馆宁夏大学、宁夏医科大学、北方民族大学、中国矿业大学银川分院4所高校图书馆制作了彩色折页宣传单6 000份，宣传海报60张，广泛宣传 E 读和 CCC 等资源及文献传递服务。CALIS 宁夏中心采取"请进来，走出去"服务策略，深入各高校图书馆宣传 CALIS 资源与服务，并为其提供必要的技术帮助。

2012年10月，经宁夏图书馆学会推荐，张红燕副馆长参加在陕西宝鸡市召开的西北五省（区）图书馆第十一次科学讨论会（图6-17），在会议上交流了论文《宁夏高等教育文献保障系统建设成效与分析》（此后发表于《图书馆理论与实践》2013年第2期）全面总结和宣传了CALIS宁夏中心的各项工作。

图6-17　张红燕副馆长参加西北五省（区）图书馆第十一次科学讨论会（2012年10月）

（六）建设特色文献数据库

CALIS宁夏中心组织成员馆申报CALIS三期专题特色数据库建设项目，宁夏大学图书馆梁向明馆长申报的"回族历史文化特色数据库"项目获准立项。

宁夏大学图书馆参加了CALIS三期学位论文子项目建设，为CALIS学位论文子项目提交宁夏大学研究生学位论文数据。

第三节　CALIS宁夏中心获得的表彰

一、先进个人

2013年11月，张红燕、董湧被授予"CALIS三期省级文献信息服务中心先进个人"称号。

二、先进集体

（一）2013年11月，CALIS宁夏中心被评为"CALIS三期省中心建设三等奖"

CALIS宁夏中心在CALIS三期建设期间，群策群力，开拓创新，顺利完成了建设任务，服务质量和服务成效突出，通过CALIS省中心评估验收工作（图

6–18），被评为“CALIS 三期省中心建设三等奖”（图6–19）。

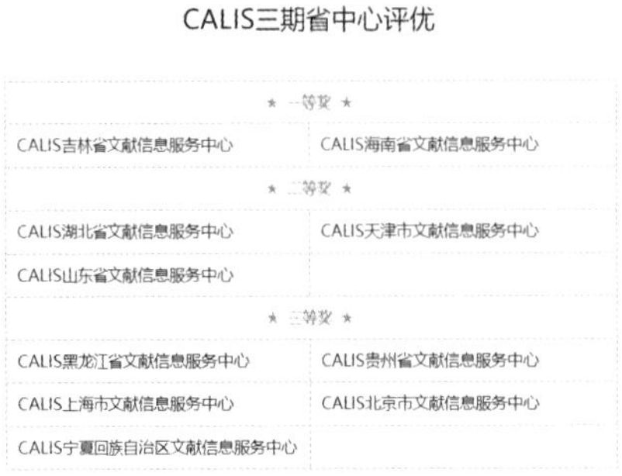
CALIS三期省中心评优

★ 一等奖 ★	
CALIS吉林省文献信息服务中心	CALIS海南省文献信息服务中心
★ 二等奖 ★	
CALIS湖北省文献信息服务中心	CALIS天津市文献信息服务中心
CALIS山东省文献信息服务中心	
★ 三等奖 ★	
CALIS黑龙江省文献信息服务中心	CALIS贵州省文献信息服务中心
CALIS上海市文献信息服务中心	CALIS北京市文献信息服务中心
CALIS宁夏回族自治区文献信息服务中心	

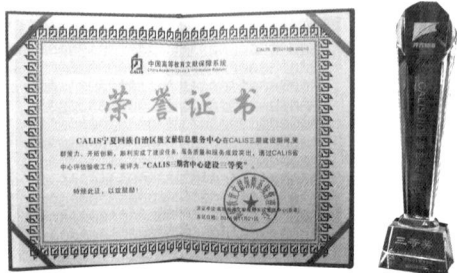

图 6–18　CALIS 三期省中心评优名单（来源：CALIS 管理中心网站）

图 6–19　CALIS 三期省中心建设三等奖证书及奖杯（2013 年 11 月）

（二）宁夏大学图书馆荣获“中国高等教育文献保障系统二十周年突出贡献奖”

2018年12月4日，教育部“中国高等教育文献保障系统成立20周年暨从共建共享走向融合开放——2018年 CALIS 年会”在北京大学举行。教育部有关领导、北京大学校长及来自 CALIS 全国中心、地区中心及省中心的代表430多人出席了会议。

大会全面回顾、总结了 CALIS 走过的20年建设历程及所取得的成绩，对20年来在中心建设中作出贡献的单位进行了表彰。大会共颁发3个奖项：中国高等教育文献保障系统项目建设二十周年杰出贡献奖；中国高等教育文献保障系统项目建设二十周年突出贡献奖；中国高等教育文献保障系统项目建设二十周年专项贡献奖。

宁夏大学图书馆荣获“中国高等教育文献保障系统二十周年突出贡献奖”（图6–20、图6–21）。

总结 CALIS 宁夏中心取得成绩的经验有三条：一是宁夏教育厅的大力支持与指导，为 CALIS 宁夏中心投入100万元建设经费；二是 CALIS 宁夏中心与宁夏高校图工委的密切合作，联合举办业务培训班及比赛活动，效果显著；三是宁夏各高校成员馆相互支持及协作，以此共同提高了服务质量与水平。

"中国高等教育文献保障系统"项目建设二十周年突出贡献奖

浙江大学图书馆	天津高等教育文献信息中心	郑州大学图书馆
新疆大学图书馆	重庆大学图书馆	厦门大学图书馆
湖南师范大学图书馆	南昌大学图书馆	海南大学图书馆
内蒙古大学图书馆	山东大学图书馆	燕山大学图书馆
哈尔滨工业大学图书馆	云南师范大学图书馆	贵州师范大学图书馆
兰州大学图书馆	中国人民大学图书馆	广西大学图书馆
宁夏大学图书馆	中国科技大学图书馆	辽宁大学图书馆
西藏大学图书馆	北京外国语大学图书馆	复旦大学图书馆
深圳大学图书馆		

图 6-20　CALIS 建设二十周年突出贡献奖名单（来源 CALIS 管理中心网站）

图 6-21　项目建设二十周年突出贡献奖颁奖会（2018 年 12 月）
右一：北京大学副校长王博　左一：北京大学图书馆馆长陈建龙
左七：宁夏大学图书馆副馆长张红燕

CALIS 宁夏中心落户宁夏大学图书馆后，图书馆得到 CALIS 管理中心的多项支持，除培训教室设备支持外，还在人才培养、服务水平提高等方面得到帮助，如 CALIS 管理中心为全国50家图书馆提供 LibGuide 软件开展学科服务、首批60家图书馆进行馆员查新资质培训，为图书馆开展深层次文献信息服务奠定基础。

第四节　中国高校人文社会科学文献中心（CASHL）

一、CASHL 简介

中国高校人文社会科学文献中心（China Academic Social Sciences and Humanities Library，简称 CASHL）是在教育部领导下，为我国哲学社会科学教学科研提供外文文献及相关信息服务的保障平台，其目标是建设"中国高校人文社会科学文献信息资源平台"。

CASHL 通过组织国内具有学科、资源和服务优势的高等学校图书馆，有计划、系统性地整体引进国外人文社会科学图书、期刊和电子资源，借助现代化的服务手段，整合国内高校人文社科领域研究成果，服务国家发展战略，为人文社会科学教学科研、人才培养提供全面和最终的文献信息资源保障。

2004年3月，CASHL 项目作为教育部"繁荣发展哲学社会科学计划"的一部分正式开始服务。CASHL 由2个全国中心（北京大学、复旦大学）、7个区域中心（西北中心设在兰州大学）、8个学科中心、34个服务馆、近千个成员馆组成服务体系。宁夏大学图书馆于2008年10月加入 CASHL。

二、参加 CASHL 西部地区高校馆馆员培养项目

2010年，CASHL 与 Emerald 合作，推出面向我国西部地区高校图书馆的"CASHL/Emerald 西部馆员培养与交流合作项目"，宁夏大学图书馆郝志红经过选拔成为该项目的培养馆员。

三、承办"'CASHL 走入西北'之宁夏行"宣传与培训会议

为使更多的高校师生及人文社会科学研究人员了解、共享 CASHL 的资源和服务，2010年3月26日，"'CASHL 走入西北'之宁夏行"宣传与培训会议在宁夏大学图书馆举行（图6-22）。此次会议受 CASHL 管理中心委托，由

图 6-22　"'CASHL 走入西北'
之宁夏行"宣传与培训会议

CASHL 学科中心、西北地区代行区域中心——兰州大学图书馆主办、宁夏大学

图书馆承办。来自西北五省（区）的35家
高校图书馆及宁夏图书馆、宁夏社会科学
院情报所的主管馆（所）长和馆际互借馆
员等共计60余人参加了会议。

　　会议由宁夏大学图书馆梁向明馆长主
持。宁夏大学李星副校长代表学校对本次
会议的召开表示热烈的祝贺，对各位嘉宾
和代表莅临宁夏大学表示诚挚的欢迎（图
6-23）。CASHL 管理中心副主任、北京

图 6-23　李星副校长致辞

大学图书馆副馆长肖珑作了专题报告（图
6-24）。会议结束后参会人员集体合影留念
（图6-25）。

　　宁夏大学图书馆于2008年10月加入
CASHL，2009年 通 过 CASHL 传 递 文 献
3 008篇，文献传递量位居西北五省（区）
高校馆第一，全国高校馆第七。本次会议
有力地促进宁夏高校图书馆对 CASHL 资源
和服务的了解、认识和共享，进一步发挥

图 6-24　CASHL 管理中心副主任、北
京大学图书馆副馆长肖珑作专题报告

图 6-25 "'CASHL 走入西北'之宁夏行宣传与培训会议"与会代表合影留念
（2010 年 3 月）

CASHL 文献保障平台对宁夏人文社会科学研究的推动作用。

四、获奖情况

2013年12月，宁夏大学图书馆荣获 CASHL 西北区域中心颁发的"优秀 CASHL 成员馆"荣誉证书（图6-26）。

图 6-26 "优秀 CASHL 成员馆"证书
（2013 年 12 月）

第七章

院系资料室

宁夏大学在65年的建设和发展中，形成了自己的学科特色和学科优势。各院（系）资料室在本学院（系）的人才培养、教学科研、学科发展中发挥着重要的文献信息保障作用。

第一节　院系资料室建设

一、院系资料室的建立及发展

在中华人民共和国成立初期（1952—1953年）的全国高校院系大调整中，院系资料室随之建立。调整中已有专业和新增专业需要补充大量专业资料，而这些专业资料又是学校图书馆难以满足的，许多高校院系设立了相对独立的资料室。院系资料室的藏书在数量、种类和规模上都不如图书馆，但从某一类书刊的系统性、专业性以及收藏率又是图书馆所不及的，加之使用方便，深受教师和学生的欢迎。

1961年9月，《教育部直属高等学校暂行工作条例（草案）》（简称《条例》）颁布。《条例》第三十八条规定："高等学校必须根据教学和科学研究的需要，加强图书馆和资料室的建设工作和管理工作。"《条例》明确了资料室建设的任务和内容。

2002年2月，教育部颁布《普通高等学校图书馆规程（修订）》，明确"高等学校的院系（所）资料室是全校文献保障体系的组成部分"，对院系资料室发挥的作用给予进一步的肯定。

2015年12月，教育部颁布《普通高等学校图书馆规程》（简称《规程》）。《规程》第七条明确："高等学校可根据学校校区分布或学科分布设立相应的总图书馆、校区分馆、学科分馆和院（系、所）分馆（资料室），分馆（资料室）受总图书馆领导或业务指导，面向全校开放。"

原宁夏师范学院的系资料室随着各系的成立而建立。宁夏大学1962年（师、农、医三院合并）机构设置示意图中，有资料室5个，即医疗系资料室、林学系资料室、农学系资料室、政史中文系资料室和数理化系资料室①。

1962年3月，政治历史系资料室有哲学、政治经济学和历史学方面的图书2 500余册；各种期刊195种，计7 500余册，其中外文期刊34种，300余册②，而当年学校图书馆有藏书8万余册③。由此可见，系资料室已收藏了较为丰富的书刊资料。1962年11月17日，宁夏大学政史系资料室配备了一名副主任，负责领导资料室和教研室的工作④。

1963年12月26日，在耿炳光副教务长主持下，草拟的《系资料室工作试行办法（草案）》（以下简称《试行办法》）发各系各单位进行认真讨论。《试行办法》要求各系、教研室（组）资料室在本系系务委员会的指导下，根据专业教学和科研的要求，密切联系教师，积累有关资料，进行资料的加工工作，准确地做好定题服务，使教师得到加工后的资料或原文献，减少他们查阅资料的时间，并逐步做到"送资料上门"。《试行办法》还要求各系应加强资料室的领导工作，资料室应由系主任或一位系务委员会委员负责领导。""资料室和图书馆双方要密切合作，资料员应经常协助图书馆了解、反映教学需要。全校图书经费由图书馆统一掌握，资料由总务处直接分配给各系，由各系自行管理。"

学校十分重视各系资料室的管理，任命了一批系资料室的负责人。1981年5月11日，任命陈明猷为历史系资料室主任；1982年5月20日，任命王明仁为中文系资料室副主任；1985年6月10日，任命牛儒林为中文系资料室副主任；1986年10月5日，经校长办公会议研究决定，刘继德任历史系资料室主任。

二、图书馆对系资料室的业务指导

为加强对全校图书资料的科学规范化管理，1982年11月26日，宁夏大学图

① 李树江．宁夏大学史事编年：1958—1988[J]．宁夏大学学报，1988，10（S）：309．
② 李树江．宁夏大学史事编年：1958—1988[J]．宁夏大学学报，1988，10（S）：27．
③ 李树江．宁夏大学史事编年：1958—1988[J]．宁夏大学学报，1988，10（S）：325．
④ 李树江．宁夏大学史事编年：1958—1988[J]．宁夏大学学报，1988，10（S）：41．

书馆委员会经校党委批准成立。副校长朱何芳任主任委员，图书馆馆长王业和任副主任委员，有委员11名（其中包括中文系资料室副主任王明仁、历史系资料室主任陈明猷）。图书馆委员会的任务是：协调校图书馆和各系（室）资料室的工作，加强全校图书、资料情报工作，使之更好地为教学和科研服务，承担全校图书资料人员中馆员以上职称的业务评审工作。

（一）各系图书经费的分配

1984年3月，图书馆以学校图书馆委员会名义下发文件，规定了图书馆及各系资料室经费使用额度。

各系资料室经费分配如下：中文系（包括新闻专业）5 500元、政治系4 000元、历史系4 000元、外语系5 000元、数学系3 000元、物理系3 000元、化学系3 000元、体育系2 500元、地理系3 000元、马列教研室（包括财政班）4 000元、教育教研室1 500元、学报部1 000元、教务处500元、图书馆158 500元。由此可见，系（部）资料室购书经费占学校图书总经费的20%。

（二）图书馆对系资料室的业务领导

为加强系资料室建设，图书馆于1984年12月24—30日，历时5天，先后走访了全校15个资料室中的11个，对各资料室的基本情况进行调查摸底。通过座谈调查，掌握了资料室的现状和存在的主要问题，提出加强系资料室建设的设想和建议，为开展资料室业务辅导与协作协调工作奠定基础。

1989年8月30日，校长办公室发布《关于转发图书馆、资料室业务调整意见的通知》（以下简称《通知》）（图7-1）。《通知》明确，目前仍保留中文、政治、历史、外语、经济、数学、物理、化学、地理、体育十系和马列教研室、科研部、基础部资料室。今后学校

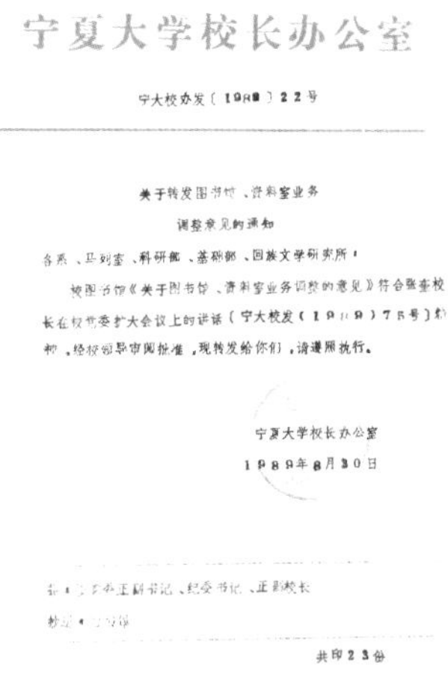
宁夏大学校长办公室

宁大校办发〔1989〕22号

关于转发图书馆、资料室业务

调整意见的通知

各系、马列室、科研部、基础部、回族文学研究所：

校图书馆《关于图书馆、资料室业务调整的意见》符合张奎校长在校党委扩大会议上的讲话〔宁大校发（1989）75号〕精神，经校领导审阅批准，现转发给你们，请遵照执行。

宁夏大学校长办公室

1989年8月30日

共印23份

图 7-1 《关于转发图书馆、资料室业务调整意见的通知》

新设置的系科、专业及研究机构如需建立资料室，需经充分论证、主管校长批准，不得自行建立。

《通知》强调资料室仍实行系（室）和图书馆双重领导。系（室）应有一名领导分管资料室工作。图书馆对资料室负责业务领导与协调。再次明确资料室是全校图书情报系统的组成部分，其主要任务是进行与本单位有关的专业资料的收集、整理和研究。收藏文献资料除优先保证本单位教师使用外，还应努力做到面向全校，并开展文献情报服务。

1990年10月，根据学校要求，图书馆制定《宁大图书馆和各系资料室中文期刊订购原则及分配细则（试行）》，主要内容如下。

原则：保证重点、严控一般；突出特色、保持连续；分工协调；增加品种，减少复本。

措施：图书馆和系资料室要逐步健全自己的期刊表；图书馆对各系的期刊订购计划进行审查，以减少不必要的重复，尽可能增加全校期刊的种类。

分配细则：对学报、复印报刊资料、综合性学术刊物、重点专业性学术刊物、一般专业性学术刊物、主要文学作品刊物、一般文艺刊物、检索性刊物、科普和知识性读物、娱乐消遣性刊物等十类刊物作出图书馆与系资料室的份数分配细则。

2009年，按照学校将图书作为固定资产统一管理的要求，图书馆制定了《宁夏大学图书资料管理细则》。据此，图书馆对全校各学院资料室采购的文献进行验收、登记等工作。

为最大限度发挥已有文献资源的效能，图书馆在2009年制定了《宁夏大学图书馆功能布局与建设规划》，提出与各学院资料室开展资源共建共享方案，即使用统一的计算机管理平台（汇文图书管理系统），以资源共享、服务共建、文献分藏、读者分流为目标，在全校实现文献建设、读者服务、业务培训的统一协调，形成宁夏大学"3馆—19资料室"的两级文献资源建设与共享服务体系。

三、学院资料室文献收藏情况

根据《宁夏大学五十年（1958—2008）》，2008年部分学院资料室收藏的纸质书刊数量情况见表7-1。

表 7-1　部分学院资料室文献收藏量（2008 年）

学　　院	收藏书刊数量
人文学院	图书资料 6 万余册、期刊 100 余种
政法学院	图书 2 万余册、期刊 100 余种
外国语学院	图书 2 万余册、中外报刊 68 种、中外声像资料 270 余种
化学化工学院	图书 7000 余册、中文期刊 79 种
资源环境学院	图书 1.5 万册、期刊 160 余种
土木与水利工程学院	图书 9110 册、期刊 174 种
教育科学学院	图书 1.2 万册、期刊 220 余种

各学院资料室收藏的文献数量不断增长，人文学院资料室（图7-2）在各学院资料室中收藏书刊数量最多。2017年有纸质文献7.57万册，涵盖文学、管理学、哲学、教育学、艺术学、历史学等6个学科门类，还建有专业的古籍资料室（图7-3）。

图 7-2　人文学院图书资料室（文荟楼）

图 7-3　人文学院古籍资料室（文荟楼）

第二节　院系资料室书刊计算机管理

2004年底，分管图书馆工作的冀永强副校长提出院系资料室实行计算机管理的要求，图书馆在走访调查的基础上做出院系资料室书刊回溯建库工作方案。2005年3月，冀永强副校长主持召开了院系资料室建库工作会议，各院系负责资料室工作的院长参加，由此开始了院系资料室书刊计算机管理工作。人文、政法、外国语等14个学院资料室启动了图书回溯建库工作。

图书馆采编部和技术部全力协助院系资料室开展回溯建库工作。采编部对院系资料员进行计算机"图书分类"和"图书编目"培训，技术部负责给各院系资料室的计算机安装深圳大学 SULCMIS Ⅲ 图书管理系统。2008年图书馆引进汇文图书管理系统后，院系资料室也更换了更加科学、规范的汇文图书管理系统。2011年，外国语学院、政法学院等9个学院资料室完成了回溯建库任务，共录入书目数据10万余条，占应完成数量的2/3。在回溯建库的基础上，一些资料室的图书管理从手工方式过渡到计算机管理。

2022年，宁夏大学附属中学图书馆使用汇文图书管理系统对其9万余册藏书（刊）进行回溯建库，在完成建库的基础上，实现了图书与期刊计算机管理与服务。

第三节　校本文献服务中心建立

2010年，物理电气信息学院资料室将其全部书刊交给图书馆，存放于逸夫图书馆密集书库。自2018年开始，贺兰山校区文荟楼因承重问题，人文学院、教育学院、政法学院、经济管理学院、新闻传播学院等学院资料室的书刊先后移交给图书馆，资料室工作人员则留在各学院。这些学院资料室的新书由图书馆采编部重新加工后，部分移交到贺兰山校区文科分馆（文荟楼705室），部分并入逸夫图书馆各书库。学院资料室的旧书则打包存放于宁夏大学朔方校区。

2023年5月，图书馆通过"图书馆基础保障建设与升级改造"项目，在文萃图书馆一层建设可藏书近百万册的校本文献服务中心，用于存放图书馆利用率较低以及各学院转交给图书馆的书刊资料。2023年底，校本文献服务中心建成（图7-4），图书馆将存放在朔方校区的图书资料和各院系资料室移交的图书共计近29万册，搬迁到校本文献服务中心。

2023年11月，图书馆召开自主采购谈判会议对"宁夏大学图书馆院系资料室图书回溯建库项目"进行招标，由中标公司对存放在校本文献服务中心的各院系书刊进行回溯建库。

图 7-4 校本文献服务中心

第四节 院系资料室工作人员

一、参与科研工作及学科服务

院系资料室工作人员在提供文献资料服务的同时，也积极参与各类课题研究，董玲（物理与电气信息工程系资料室）承担的课题有"高校潜在性信息资源的开发与利用"（2001年校级课题）、"分布式外刊信息资源共建共享服务模式的建立"（2004年校级课题）。路金芳（经济管理学院资料室）承担的课题有"高校图书馆与院系资料信息资源整合研究"（2005年校级课题）。

董玲论文《超书目实证分析：图书馆服务新论》获宁夏第八次社会科学优秀论文三等奖（2001年）；张桂兰（数学计算机学院资料室）《加快建设充分利用 CALIS 网上资源》获宁夏大学第六届科技成果评奖论文三等奖（2003年）；路金芳论文《图书馆学研究的视角——注入文化精神，与工作实际互动》

获宁夏大学第七届科技成果评奖三等奖（2006年）。科研课题及研究成果进一步提升了资料室的管理与服务水平。

2012年，图书馆利用 CALIS 管理中心提供的 LibGuides 学科服务平台，与经济管理学院资料室合作开展学科服务，搭建了经济管理学院 LibGuides 学科服务平台。

二、院（系）资料室工作人员

据不完全统计，各院（系）资料室工作人员情况见表7-2。

表7-2 院（系）资料室工作人员一览表

院（系）资料室	工作人员
人文学院	陈明猷、王明仁、王秀丽、牛儒林、刘继德、魏灵芝、魏　燕、张　威、杨　莉
政法学院	周佩茹、王苏义、邵云香、周　群
外国语学院	赵晓兰、杨一江、黄　芳
经济管理学院	张玉珍、王红岩、路金芳
数学计算机学院	郭冬萍、张桂兰
物理电气学院	赵慧萍、董　玲、王永忠
化学化工学院	牛淑莲、周　虹、宋兆晨
生命科学学院	王光辉、王　娟
资源环境学院	马雪映、辛翠兰、邹淑燕
农学院	李红霞、李文侠
机械工程学院	张　辉、张立红
土木与水利工程学院	车　兵、陈　艳
教育科学学院	朱璋萱、王兰英
体育学院	宋桂兰、李红英、朱培章

续表

院（系）资料室	工作人员
音乐学院	刘寿玉
美术学院	贾 璨、宋铁民
阿拉伯语学院	李 慧
马克思主义学院	夏 蓉、张静华
国际教育学院	贺忠宏
民族预科教育学院	吕梦莹
回族研究院	海正忠
西夏研究中心	刘淑立、杜曼玲
民族伦理文化研究院	张富国

三、资深馆员——周佩茹

1958年9月，周佩茹到宁夏大学工作。最初在宁夏农学院工作，之后在宁夏大学政治系资料室工作。1985年12月，校长办公会议研究决定，确认周佩茹为馆员，她是宁夏大学最早获得馆员职称的资料员之一。1986年10月，周佩茹被选为学校图书资料专业职务评审委员会成员。

1988年1月，周佩茹荣获全国高校图工委颁发的"高校图书馆30年馆龄纪念证"（宁、青、新为25年）（图7-5）。1988年1月，周佩茹荣获宁夏大学颁发的"在校辛勤工作三十年"纪念证书（图7-6）。2018年9月，在宁夏大学成立60周年校庆之际，学校颁发宁夏大学

图 7-5 全国高校图工委颁发的"高校图书馆30 年馆龄纪念证"（周佩茹）（1988 年 1 月）

"创校荣誉纪念奖",周佩茹荣获"创校荣誉纪念奖"表彰(图7-7)。

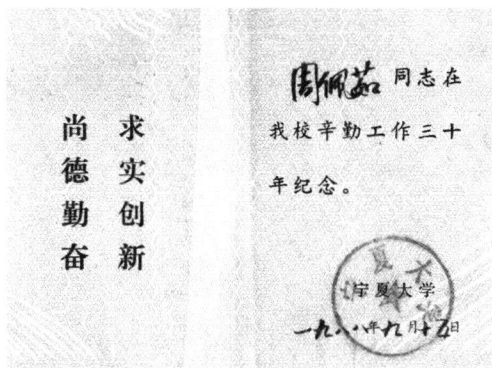

图 7-6 宁夏大学"辛勤工作三十年"
纪念证书(周佩茹)(1988 年 9 月)

图 7-7 宁夏大学"创校荣誉纪念奖"
(周佩茹)(2018 年 9 月)

第八章

人物录

第一节　图书馆历任馆领导及任职时间

一、宁夏大学图书馆历任馆领导名录

崔永盛　负责人　1958.09—?

王野坪　馆　长　1962.09—?

张正和　馆　长　1964.09—?

颜兴源　负责人　1971.02—1973.01

赵世敏　负责人　1973.01—1976.09

赵有成　领导小组组长　1976.09—1980.06

王业和　馆　长　1980.07—1983.12

傅新海　副馆长（主持工作）　1984.01—1985.02

张先畴　副馆长（主持工作）　1985.03—1986.12

王艳常　副馆长（主持工作）　1986.12—1989.06

　　　　馆　长　1989.06—1997.02

杨　勤　副馆长　1990.01—1993.07

张向东　副馆长　1990.09—1998.05

刘玉梅　副馆长　1992.06—1996.09

李淑兰　副馆长　1996.11—1998.06

1997年合馆后

张向东　副馆长（主持工作）　1998.06—2000.01

　　　　党总支副书记　1998.06—2002.12

　　　　馆　长　2000.01—2002.12

李群发　党总支书记　1998.08—2000.08

卫传荣　党总支副书记（正处级）　1998.08—2000.08

　　　　副馆长（正处级）　1998.08—2000.12

馆　长　2002.12—2006.11

党总支书记　2000.08—2002.12

李淑兰　副馆长　1998.06—2003.04

胡　敏　副馆长　1998.06—2003.04

孟云芳　党总支书记　2002.12—2006.11

才　波　副馆长　2003.04—2013.03

张红燕　副馆长　2003.04—2022.12

吴雪峰　党总支副书记（正处级）　2003.05—2007.11

梁向明　馆　长　2006.11—2011.09

党总支书记　2007.11—2008.04

马　健　副馆长　2006.01—2017.11

马志霞　党总支副书记　2007.11—2017.09

田金明　党总支书记　2008.04—2010.03

李树泮　党总支书记　2012.10—2017.11

蔡永贵　馆　长　2011.10—2017.05

门建新　副馆长　2010.06—2017.11

郅秀丽　副馆长　2011.12—2017.09

车　进　馆　长　2017.05—2021.11

李慧琴　党总支书记　2017.11—2019.08

王彦仓　副馆长　2017.09—2020.05

党总支副书记　2017.09—2020.05

党总支书记　2020.05至今

陆凤红　副馆长　2017.12至今

刘振宇　副馆长　2018.01—2019.10

马　晴　副馆长　2019.10至今

马玉玲　党总支副书记　2021.03至今

倪　刚　馆　长　2021.11—2022.04

苗福生　馆　长　2023.03至今

　　　　　党总支副书记　2023.03至今

二、原宁夏农学院图书馆历任馆长名录

徐友禔　负责人　1973—1976

李德祥　馆　长　1977.03—1979.11

王永堂　馆　长　1979.12—1982.09

杨希安　副馆长（主持工作）　1982.02—1985.03

叶焕民　副馆长　1984.06—？

梁爱卿　馆　长　1984.02—1989

王维斗　副馆长（主持工作）　1989—？

　　　　　馆　长　？—1995.07

钱崇一　副馆长　1989—？

张　贤　馆　长　1995.07—1999.02

叶新元　馆　长　1999.02—2002.11

三、原宁夏工学院图书馆历任馆长名录

刘林阁　副馆长（主持工作）　1984.12—1989.08

李群发　副馆长（主持工作）　1989.08—1995.05

　　　　　馆　长　1995.05—1998.07

张文元　副馆长　1992.06—？

四、原宁夏教育学院图书馆历任馆长名录

周光旦　副馆长（主持工作）　1984.02—1987

段筱香　馆　长　1987.09—1989.06

顾占雄　馆　长　1989.06—1991.04

卫传荣　副馆长（主持工作）　1991—1995

　　　　　馆　长　1995—1998

胡　敏　副馆长　1991.06—1996.12

五、原银川高等师范专科学校图书馆历任馆长名录

马昌其　馆　长　1984.05—1986.05

卫传荣　副馆长　1984.05—1986.05

　　　　　馆　长　1986.05—1988.07

注：? 表示时间无法核实。

第二节　五馆合并前各馆工作人员名单

一、1989年合校前银川高等师范专科学校图书馆工作人员名单

馆　长：马昌其

副馆长：卫传荣

馆　员：胡　敏　包振林　保玉英　王俊英　范秀英　金茂娥　李娅芬

　　　　潘秀清　张士英　项玉兰　叶玉珍　刘淑英　徐凤兰　席跃文

　　　　李学珍　严　丽

二、1989年合校前宁夏教育学院图书馆工作人员名单

书　记：段筱香

副馆长（主持工作）：周光旦

馆　员：郭琦华　孙　燕　韩　瑛　王心力　张玉珍　马晓立　年尚惠

　　　　赵　明　林承静　崔凤英　张淑贤　张明华　孟　力　姜良好

　　　　王雯台　段润香　刘思容　黄　明　宋立群　李　棣　马君丽

　　　　马爱设　高明伟　海正忠

三、1997年合校前宁夏教育学院图书馆工作人员名单

馆　　长：卫传荣

副馆长：梁　锦

采编部：孙　燕　张淑贤　王俊英　金茂娥　马爱社　赵　明
　　　　包振林　范秀英

流通部：胡　敏　张明华　海正忠　马晓立　张玉珍　王心力　段润香
　　　　严　丽　潘秀清　王庆平　张士英　项玉兰　李学珍　张　涛

情报部：姜良好　李娅芬　王雯台　韩　瑛

阅览部：徐凤兰　保玉英　刘淑英　席跃文　崔凤英　黄　明　宋立群

四、1997年合校前宁夏工学院图书馆工作人员名单

馆　　长：李群发

副馆长：张文元

流通部：乔春英　潘英洁　李　燕　张　欣　张西玲　张　辉

采编部：沈丽萍　盛月仙　陈　萍　芮海荣

阅览部：沈丽丽　李　钠　赵明智　谈天红　雒凤琴

办公室：赵　铨

信息部：栾理珉　邵晋蓉　王桂香

五、1997年合校前宁夏大学图书馆工作人员名单

办公室：贾志宏　张宁玉　崔秀荣　张新月　白　川　张　华　张向东

采编部：侯丽君　郭亚玲　徐永丽　蒋万相　马　谦　包　虹　陆凤红
　　　　秦凤兰　樊　宇　周　群　张向红　来晓玲

流通部：刘志军　王　利　黄昌海　门淑华　李秀英　刘　敏　朱涌卫
　　　　刘军燕　殷　路　张晓琳　宋惠民　韩　萍　张家瑞　王梅兰
　　　　黄　芳　陆志强　庄　青

信息部：陈晓波　付国英　马　力　孙方礼　刘桂英　董　湧　哈梅芳
　　　　崔润新

阅览部：武永久　严利民　高彩霞　郭建文　陈冬梅　赵　丽　陆　顺
　　　　杜　晖　李共前　傅　卫　廖　云　李　田　王银飞　吴玲娜

六、2002年合校前宁夏农学院图书馆工作人员名单

馆　长：叶新元

副馆长：钱崇一

书　记：吴雪峰

采编部：王小莉　才　波　李玉梅　来泽荣　杨一江

情报部：王振国　郝志红　张　晶　刘石玲

流通部：刘婀妮　胡晓梅　竺　欣　何伟强　孟玉明

期刊部：冯月梅　郭凤琴　任丽娟　王海宁　李静娟　白茹莉　李伶凛

七、2004年12月，宁夏大学图书馆工作人员名单

馆　长：卫传荣

副馆长：才　波　张红燕

书　记：孟云芳

副书记：吴雪峰（正处级）

综合部：赵　明（主任）　张宁玉（副主任）　张新月　赵　铨
　　　　白　川　范秀英

采编部：周　群（主任）　陆凤红（副主任）　侯丽君　李秀英
　　　　秦凤兰　樊　宇　马　谦　来晓玲　张　雷　徐永丽
　　　　蒋万相　来泽荣

信息与技术服务部：陈晓波（主任）　张　华（副主任）
　　　　　　　　　张向东　贾志宏　邵晋蓉　马　力

付国英　王桂香　孙方礼　郝志红

王振国　张　晶　董　湧　崔润新

校本部流通部：王　利（主任）　张　宁（副主任）　刘志军

黄　芳　朱涌卫　张西玲　刘　敏　门淑华

陆志祥　李　燕　刘军燕　殷　路　张志华

周传慧　李　钠　谈天红　芦　斌　庄　青

张晓琳　张　欣　韩　萍　宋惠民　黄昌海

芮海荣　张家瑞　竺　欣　何伟强　潘英洁

梁晓瑾　孟玉明　胡晓梅　李玉梅　李静娟

王梅兰

校本部阅览部：严利民（主任）　王小莉（副主任）　武永久

冯月梅　李共前　李　田　杜　晖　王银飞

傅　卫　李建萍　廖　云　陆　顺　包　虹

吴玲娜　刘石玲　陈冬梅　郭凤琴　白茹莉

李伶凛　王海宁　任丽娟　王宇辉　杨一江

赵　丽　张月霞

南校区流通部：蒋伟霞（主任）　张海平　潘秀清　李　棣

张玉珍　王心力　项玉兰　张　丽　王　葵

孙　燕

南校区阅览部：乔春英（主任）　黄　明　史　斌　宋立群

徐　红　李学珍　席跃文　马君丽　严　丽

张　涛

八、截至2023年12月，宁夏大学图书馆工作人员名单

（一）正式职工

馆领导：王彦仓　苗福生　马玉玲　马　晴　陆凤红

综合部：张新月（主任） 梁晓瑾（副主任） 杨振华

逸夫图书馆读者服务部：李　燕（主任） 刘　芸（副主任） 张　欣　韩　萍

　　　　　　　　　　　庄　青　芮海荣　王海宁　李静娟　芦　斌　马　珂

　　　　　　　　　　　闫婷婷　李　棣　张玉珍　张　雷　陈璞奕　胡晓梅

文萃图书馆读者服务部：陈晓峰（副主任） 傅　卫　王宇辉　李　田

　　　　　　　　　　　刘军燕　廖　云　马君丽　武永久　樊　宇

　　　　　　　　　　　尹晓雯　李　钠

金凤校区综合部：徐　红　张　丽　赵　明

技术支持部：张　华（主任） 付泰林（副主任） 董　湧　张志华　赵明海

古文献特藏部：马　谦　王小莉　朱涌卫

信息与学科服务部：杨娅娟（副主任） 张红燕　王桂香　郝志红

　　　　　　　　　刘　露　杨玉英

文献资源建设部：来晓玲（主任） 史斌（副主任） 蒋万相

　　　　　　　　李秀英　王　昊　何金晶

（二）编制外用工

李晓涛（技术支持部） 白杨（技术支持部） 谢竹玲（文萃图书馆读者服务部）

（三）劳务派遣人员

劳务派遣人员（逸夫图书馆）：夏静文　王奕杭　任雨菲　冯甜甜

劳务派遣人员（中卫校区图书馆）：李玉琴　訾爱红　李海霞　张晶玲

　　　　　　　　　　　　　　　艾学浩　徐永强

第三节　宁夏大学"创校荣誉纪念奖"获得者

为表彰建校初期来校工作，对创建宁夏大学做出突出贡献的教职员工，学校于2018年9月在校庆60周年之际，颁发宁夏大学"创校荣誉纪念奖"。在图书馆工作以及曾在图书馆工作的"创校荣誉纪念奖"获奖者有（按汉语拼音排序）：冯曙光、何杰玺、黄克宽、李郁文、刘之樾、梁爱卿、王黛如、王艳常、王永堂、王业和、叶华清、张先畴、赵世敏、赵有成。

第四节　教育部高校图书馆榜样馆员

图 8-1　教育部高校图书馆榜样馆员荣誉证书（赵明）

2021年12月，为庆祝高校图工委成立40周年，教育部高等学校图书情报工作指导委员会决定对高校图书馆事业突出贡献者、高校图书馆榜样馆长、高校图书馆榜样馆员进行表彰。赵明获得"高校图书馆榜样馆员"荣誉称号（图8-1）。

第九章

宁夏大学图书馆大事记

1958年

9月，宁夏师范学院图书馆成立。暂用1个教室为临时馆舍，工作人员4名。

9月，宁夏农学院图书馆成立。馆舍面积为30平方米，工作人员2名，设阅览室1个。

10月，宁夏医学院图书馆成立。馆舍为36平方米的平房2间。

1959年

9月，由教育部统一协调，北京大学、北京体育大学等兄弟院校给宁夏师范学院图书馆调拨、赠送图书6万册（其中有不少线装古籍书）。

1961年

6月，宁夏师范学院制定并汇编相关规章制度，其中有《宁夏师范学院图书馆图书借阅暂行规则》。

1962年

9月，宁夏师范学院图书馆、宁夏农学院图书馆和宁夏医学院图书馆合并成立宁夏大学图书馆。借用1 000余平方米的教室为临时馆舍，总藏书8万余册，工作人员15名。设馆长、秘书各1人，下设采编、流通阅览两组，采用《中国人民大学图书馆图书分类法》（简称《人大法》）分类图书。

9月22日，经自治区党委常委会批准，王野坪任宁夏大学办公室副主任兼图书馆馆长。

9月30日，自治区党政领导甘春雷、李景林、吴生秀、江云、黑伯理、杨辛等参加宁夏大学成立典礼并参观学校图书馆。

11月9日，"宁夏大学图书馆"印章启用。

1963年

6月7日，学校通知正式启用"宁夏大学医学系图书室"印章。

6月22日，学校召开第24次行政会议，决议图书馆迁至大红楼一层。

8月30日，学校选派王野坪馆长出席西北地区图书馆工作交流会。

11月，图书馆先后制定《全校图书统一采购工作细则（试行）》《宁夏大学图书馆"内部资料"借阅暂行办法》《宁夏大学图书馆馆际互借暂行办法》《宁夏大学教职工进入图书馆书库规则》。

12月26日，在耿炳光副教务长的主持下，草拟的《系资料室工作试行办法（草案）》发各系各单位进行认真讨论。《试行办法》要求资料室和图书馆双方要密切合作，全校图书经费统一由图书馆掌握。

1964年

1月，学校召开表彰先进集体和先进工作者大会，图书馆采编组被评为"先进集体"，叶华清被评为"先进工作者"。

9月，自治区人民政府任命张正和为宁夏大学图书馆馆长。

1970年

1月，医学系从宁夏大学分出，与自治区医院合并成立宁夏医学院。宁夏医学院图书馆成立。

1971年

2月17日，校党委研究决定，颜兴源任图书馆负责人。

5月，图书馆恢复阅览服务，开辟报刊和理科专业图书阅览室。

1972年

5月，宁夏农学院图书馆重建，藏书8万余册，馆舍面积400平方米，工作人员5名。

1973年

1月2日，校党委研究决定，赵世敏、王野坪任图书馆副馆长。

1975年

1月，图书馆采用《中国图书馆图书分类法》（简称《中图法》）分类图书，替代以前使用的《中国人民大学图书馆图书分类法》。

1976年

9月7日，校党委决定，图书馆直属学校领导，正式成立党支部和革委会。图书馆党支部由赵有成、刘长河、孙占科三人组成，赵有成任书记；图书馆革委会由赵有成、刘长河、孙占科三人组成，赵有成任组长，刘长河任副组长。

12月，校党委决定，傅新海任图书馆革命领导小组成员。

1977年

9月，图书馆制定《丢失、损坏图书赔偿办法》规定，中外文书刊资料一般均按原价加倍赔偿，凡丢失珍本图书者，令其按原价加三倍赔偿。

1978年

6月，校党委就校、系机构设置提出报告，校行政机构设校长办公室、人事处、教务处、总务处和图书馆。

12月30日，校党委发出通知为王业和、廖士连恢复助理研究员职称。

1979年

4月，图书馆用《四库全书总目》类分线装古籍图书，并制定《古籍线装图书分类规则》。

6月，宁夏图书馆学会成立，王业和当选为学会副理事长。

9月，图书馆基藏书库允许全校教师入库选书。

1980年

3月29日，王艳常参加中国图书馆学会和美国国际交流总署在北京合办的图书馆业务研讨会。

7月11日，自治区党委任命王业和为图书馆馆长，赵世敏、傅新海为图书馆副馆长。

8月，宁夏大学图书馆新楼建成，建筑面积3260平方米。

9月，中共宁夏大学委员会决定，凡向图书馆补充工作人员，必须先经图书馆考查同意。

1981年

3月，北京大学图书馆学系八一届宁夏函授班开学典礼在银川举行。通过正规考试，在宁夏择优录取47名学员，宁夏大学图书馆张向东、刘玉梅、高虹、周佩英、王秀云、侯丽君、赵光7人被录取。

6月29日，学校任命图书馆各部负责人。刘之樾任采编部主任、王艳常任采编部副主任、陈文圭任采编部副主任、王黛如任期刊部副主任、周佩英任流通部副主任。

9月23日，全国高等学校图书馆工作委员会（简称全国高校图工委）成立，宁夏大学图书馆被推选为委员馆，王业和馆长任委员会委员。

1982年

4月6日，校党委提出1982年工作要点。（三）图书馆工作要贯彻《全国高等学校图书馆工作会议》精神，执行《中华人民共和国高等学校图书馆工作条例》，把我校图书馆工作搞得更好。

4月13日，校党委会讨论，同意图书馆党支部由傅新海、陈树军、叶华清三位同志组成，傅新海任书记。

5月25—29日，宁夏图书馆学会第二次会员代表大会在银川召开，王业和馆长当选为学会副理事长。

5月，宁夏大学图书馆依据《中华人民共和国高等学校图书馆工作条例》，制定并试行岗位责任制。对各部门进行业务分工，定岗位、定职责和制定工作细则、规章制度及工作人员守则，总共31种，经校长批准执行。

6月，宁夏大学图书馆被中共宁夏回族自治区委员会授予"精神文明先进集体"称号；王业和馆长被自治区人民政府授予"建设社会主义精神文明积极分子"称号。

6月8日，宁夏回族自治区高等学校图书馆工作委员会（简称宁夏高校图工委）成立。冯毅任主任，康之江、王业和、夏顺生、杨希安任副主任，夏顺生兼任秘书长，傅新海任副秘书长。秘书处办公地点设在宁夏大学。

11月26日，宁夏大学图书馆委员会经校党委批准成立。朱何芳副校长任主任，王业和馆长任副主任。

11月26日，学校党委会议研究决定，建立系（室）、图书馆教师和图书资料人员职称评审小组。图书馆职称评审小组由王业和、傅新海、刘之樾、王艳常四位同志组成，王业和任组长。同时还批准了《职称评审办法》，正式开始职称评审工作。

12月9日，宁夏大学图书馆委员会举行第一次会议。研究如下：1.合理调整图书馆与资料室的关系；2.迎接宁夏教育局和宁夏高校图书馆工作委员会检查评比活动；3.职称评定工作等问题。

1983年

1月5—19日，宁夏教育局高教处和宁夏高校图工委组织检查评比组赴各高校图书馆进行巡回检查评比，最后推选宁夏大学图书馆为先进馆，出席全国高等学校图书馆经验交流会。

4月7日，自治区政府主席黑伯理在校党委副书记陈杰、夏森的陪同下参观了图书馆。

4月，图书馆创办《读者之友》小报（试刊3期，正刊28期）。

8月13日，中共中央书记处书记、中宣部部长邓力群视察宁夏大学时参观了图书馆。

1984年

1月，宁夏机构改革领导小组正式对学校机构设置和人员编制做出规定，图书馆为宁夏大学处级机构。

2月29日，自治区党委任命傅新海担任图书馆副馆长。

4月7日，教育部在西安召开全国高等学校图书馆工作经验交流会。宁夏教育厅周学峰、宁夏大学图书馆副馆长傅新海参加了会议。

5月10日，学校任命图书馆各部正、副主任。赵霞任期刊部主任、张向东任情报资料部主任、宋兴汉任流通阅览部主任、王艳常任采编部主任、刘玉梅任采编部副主任。

6月12日，教育部副部长黄辛白到宁夏大学、宁夏农学院视察时参观了图书馆。

9月，图书馆在学校总体布置下进行管理改革。制定或修订馆、部（室）职责范围和个人岗位责任29项，实行考勤、考绩、考德、考能等考评制度，并改革奖金分配办法。在采编部和流通阅览部试行定额、计量责任管理。

9月20日，全国人大常委会副委员长班禅额尔德尼·确吉坚赞视察宁夏大学图书馆。

9月25日，校党委批复同意图书馆党支部改选结果：赵霞任书记，傅新海、王秀云任委员。

11月13日，学校任命马力为情报资料部副主任、高虹为流通阅览部副主任、赵光为期刊部副主任。

12月19日，校党委和行政决定对任教25年的教学人员和有20年教龄同时工龄在30年以上的教学工作人员予以表彰，王业和、刘之樾、黄克宽受到表彰。

1985年

3月2日，经校党委研究并报自治区党委宣传部同意，学校任命张先畤为图书馆副馆长。

3月，图书馆成立"文献检索与利用"课教研室。

7月2日，校行政任命楼广晖为图书馆馆长助理。

7月，图书馆扩建的100平方米简易书库建成。

9月，宁夏高校图工委委托宁夏大学图书馆举办广播电视大学图书馆学专业教学班，共有学员30名。

10月4日，来宁夏考察的美国加州大学教授、原银川宁加公司总经理王仁煜先生应宁夏高校图工委的邀请，在宁夏大学给区、市以及各高校图书馆工作人员作学术报告。

11月16日，宁夏教育厅宁教高字〔85〕261号文件通知，增补张先畤为宁夏高校图工委副主任。

1986年

1月，宁夏大学图书馆被宁夏教育厅、宁夏高校图工委评为"先进图书馆"；采编部、流通部分别荣获"先进集体"称号；王艳常、宋兴汉、张向东、赵光、崔秀荣荣获"先进工作者"称号。

5月19日，校长办公会议决定成立"文献检索与利用"课教研室，张先畴任主任，张大濯、马力任副主任（均为兼职）。教研室设在图书馆内，作为图书馆的一个教学科研机构。

6月，国家教委副主任柳斌在宁夏教育厅副厅长王世福、宁夏大学校长吴家麟的陪同下参观了图书馆。

10月7日，校党委研究决定，王艳常任图书馆副馆长。

10月10日，经宁夏职称改革领导小组研究决定，成立宁夏图书、资料专业职务评审委员会，宁夏大学图书馆原馆长王业和、副馆长王艳常任委员。

11月3—7日，西北五省（区）高校图书馆第三次协作会议在宁夏大学召开，自治区政府副主席马英亮等领导到会祝贺。宁夏大学校长吴家麟、副校长夏宗建到会发表讲话。

11月19日，经校党委研究，同意图书馆党支部选举结果及分工。傅新海任图书馆党支部书记，赵霞、杨勤任委员。

1987年

6月12—16日，国家教委在北京召开全国高校图书馆工作会议。宁夏大学图书馆王艳常、宁夏教育学院图书馆周光旦、宁夏农学院图书馆梁爱卿参加了会议。

10月17日，宁夏教育厅发出通知，宁夏回族自治区高校图书馆工作委员会更名为：宁夏回族自治区高等学校图书情报工作委员会（简称宁夏高校图工委）。

1988年

1月，全国高校图工委为在图书馆工作30年以上的同志颁发纪念证（宁、青、新为25年），宁夏大学图书馆王业和、刘之樾荣获纪念证书。

7月25日—8月14日，宁夏高校图工委委托宁夏大学图书馆举办暑期图书资料专业人员培训班，来自全区高校图书馆及县馆、情报所的36人参加了学习。

9月25日，参加宁夏回族自治区成立三十周年大庆的中央代表团副团长、全国人大常委会副委员长雷洁琼，在自治区政府主席白立忱的陪同下，到图书馆考察参观并签字留念。

12月，图书馆被学校评为社会治安综合治理"达标先进单位"。

1989年

4月13—14日，宁夏图书馆学会第四次会员代表大会召开，王艳常副馆长当选为第四届理事会副理事长。

6月12日，校党委会议研究决定，王艳常任图书馆馆长。

1990年

1月15日，校党委会议研究决定，杨勤任图书馆副馆长。

3月9日，宁夏高校图工委在宁夏大学图书馆举行为期一天的学术报告会。

5月，宁夏高校图工委在宁夏大学举行全区首次《文献检索与利用》课研讨会。

8月，图书馆购置1套JX-4型图书监测系统用于基本图书阅览室的管理，首批陈列的1万多册图书对学生实行开架借阅。

9月1日，校党委会议研究决定，张向东任图书馆副馆长。

11月9—10日，宁夏高校图工委在宁夏大学图书馆举行全区高校图书馆教育职能研讨会。

12月，图书馆被学校评为社会治安综合治理"达标先进单位"。

1992年

6月，宁夏高校图工委在宁夏大学召开宁夏高校图书馆读者服务工作研讨会。

6月24日，校党委会议研究决定，刘玉梅任图书馆副馆长。

8月18—20日，西北五省（区）高校图书馆读者工作研讨会在宁夏大学举行。刘世俊副校长出席大会开幕式并讲话。

9月20日，学校批准图书馆成立"宁夏大学鸿图文献科技开发部"。

12月，图书馆被学校评为社会治安综合治理"达标先进单位"。

1993年

8月17—21日，当代著名生物学家、美籍华人牛满江教授及夫人张葆英女士应宁夏教育厅、宁夏大学邀请进行学术考察活动，其间参观了图书馆。

5月26—27日，宁夏高校图工委在宁夏大学举办全区高校图书馆部主任研讨会。

11月，在宁夏高校图书馆评估中，宁夏大学图书馆被宁夏教育厅评为"优秀型图书馆"。

1994年

8月11日，学校在图书馆举行"净空法师向宁夏大学捐赠影印本摛藻堂《四库全书荟要》"仪式。

1995年

5月20日，中共中央政治局委员、国务院副总理李岚清在自治区党委书记黄璜的陪同下视察宁夏大学，参观了图书馆。

9月22日，银川地区图书馆知识竞赛在银川市图书馆举行，由王利、包虹、陆凤红组成的宁夏大学图书馆代表队荣获一等奖。

11月，日本岛根县立国际短期大学校长岛田雅治等到宁夏大学访问，参观了图书馆。

1997年

4月，宁夏大学图书馆《中国学术期刊全文数据库》光盘检索站成立。

5月，图书馆被校党委、校行政授予"文明单位"称号。

7月，在中国图书馆学会第五次代表大会上，原馆长王艳常荣获"中国图书馆学会先进工作者"称号。

12月26日，宁夏大学、宁夏工学院、银川高等师范专科学校（含宁夏教育学院）四校合并，四校图书馆随之合并成立新的宁夏大学图书馆。

1998年

6月18日，校党委研究决定，张向东任图书馆副馆长（主持工作）、党总支副书记。李淑兰、胡敏任图书馆副馆长。

8月4日，校党委决定，李群发任图书馆党总支书记。卫传荣任图书馆党总支副书记、副馆长（保留正处级待遇）。

是年，学校批准图书馆设立各部（室）并任命部（室）主任：采编部（沈丽萍任主任，侯丽君任副主任）、办公室（贾志宏任主任，赵明任副主任）、信息技术服务部（陈晓波任主任）、校本部流通部（刘志军任主任，王利任副主任）、校本部阅览部（武永久任主任）、北校区流通部（乔春英任主任）、北校区阅览部（邵晋蓉任主任）、南校区流通部（海正忠任主任，张宁任副主任）、南校区阅览部（范秀英任主任）。

1999年

5月27日，宁夏大学逸夫图书馆项目建设领导小组成立。张奎校长任组长，毛军副校长等任副组长，成员包括张向东副馆长（主持工作）等。

10月9—10日，教育部高等学校图书情报工作指导委员会成立大会暨第一次工作会议召开，张向东副馆长被聘为委员会委员。

10月9日，学校举行宁夏大学逸夫图书馆开工典礼。

是年，图书馆引进深圳大学 SULCMIS III 图书管理系统，从校本部开始进行图书、期刊回溯建库。

2000年

1月23日，学校决定，张向东任图书馆馆长。

3月，在宁夏教育厅高教处的协调下，宁夏大学、宁夏医学院、西北第二民族学院三所高校图书馆合作，共同购买《中国期刊网（CNKI）全文数据库》，在宁夏大学图书馆建立宁夏镜像站。

8月26日，校党委研究决定，卫传荣任图书馆党总支书记。

8月，图书馆修订全馆规章制度，包括29种规章制度，以适应四校图书馆合并后的工作。

12月，图书馆分工会被评为宁夏大学工会"先进集体"。

2001年

9月，在中国图书馆学会第六次代表大会上，张向东馆长被授予"中国图书馆学会先进工作者"称号。

11月1日，宁夏大学图书馆与上海交通大学图书馆、出版社签订《对口交流合作协议具体实施备忘录（九）》《对口交流合作协议具体实施备忘录（十三）》《上海交通大学图书馆、宁夏大学图书馆馆际互借合作协议》。

12月2—6日，上海交通大学图书馆副馆长杨宗英应邀来图书馆指导工作，为全区图书馆工作人员作专题学术报告。

12月17日，经过近半个月的准备，南校区图书馆20万册图书全部实行开架借阅。

2002年

2月26日，宁夏大学与宁夏农学院合并，两校图书馆随之合并，组建新的宁夏大学图书馆。

2月26日，宁夏人民出版社向宁夏大学捐赠图书1 210册，价值人民币39 000元。

4月5日，自治区党委书记陈建国在自治区党委常委马文学、自治区党委副秘书长戴雅增等的陪同下到宁夏大学调研，参观了图书馆。

4月8日，宁夏高校图工委换届，张向东馆长当选为图工委秘书长，卫传荣副馆长当选为图工委副主任。

6月，逸夫图书馆搬迁工作开始。

7月，上海交通大学图书馆陈兆能馆长、陈依娴书记以及部（室）主任14人，到宁夏大学图书馆进行为期4天的参观和指导工作。

8月，图书馆修订全馆规章制度，以适应书刊全面开架和计算机流通管理。

12月3日，学校决定，卫传荣任图书馆馆长。

12月31日，学校党委决定，孟云芳任图书馆党总支书记。

12月，图书馆被学校评为2002年度工作"先进单位"。

2003年

4月30日，学校决定，才波、张红燕任图书馆副馆长。

5月26日，校党委决定，吴雪峰任图书馆党总支副书记（正处级）。

6月27日，宁夏图书馆学会第五次会员代表大会在银川召开，卫传荣馆长当选为学会副理事长。

7月，原农学院图书馆开始搬迁。在搬迁过程中完成中外文图书回溯建库工作。至11月，搬迁工作结束。

9月18日，宁夏作家协会副主席肖川等一行8人代表宁夏作协向图书馆捐赠图书，为人文学院新生作了"人生与创作"讲座。

10—11月，教育部专家小组对邵氏基金赠款第十三批大学项目工程进行实地考察评估，宁夏大学逸夫图书馆被评为一等奖。

2004年

4月，宁夏大学图书馆与上海交通大学图书馆联合申报"西夏文化数据库建设"项目被 CALIS 管理中心批准立项，获资助经费1万元。

5月29—30日，第二届教育部高等学校图书情报工作指导委员会成立大会在北京召开，原馆长张向东出席大会并被续聘为委员会委员。

10月，通过科级干部竞聘，学校任命图书馆科级干部。综合部主任赵明、副主任张宁玉；采编部主任周群、副主任陆凤红；信息与技术服务部主任陈晓波、副主任张华；校本部流通部主任王利、副主任张宁；校本部阅览部主任严利民、副主任王小莉；南校区流通部主任蒋伟霞；南校区阅览部主任乔春英。

10月，图书馆举办"我与图书馆"为主题的演讲比赛。

10月，在宁夏图书馆学会首届图书馆学情报学优秀成果奖评奖中，我馆1部著作获二等奖、2篇论文获一等奖、5篇论文获二等奖、7篇论文获三等奖、3篇论文获优秀奖。

12月15日，第七届亚洲数字图书馆国际会议在上海光大会展中心举办，才波副馆长应上海交通大学图书馆邀请参加本次会议。

12月，图书馆被学校评为社会治安综合治理"达标先进单位"。

2005年

2月，"宁夏大学图书馆馆藏书刊回溯书目数据库建设"获宁夏大学教学成果三等奖。

2月，图书馆自编的通用检索课教材《文献信息方法论》由机械工业出版社出版。

2月22日，教育部发布《关于实施〈中华再造善本〉进校园计划的通知》，为全国100所普通高等学校配备一套《中华再造善本》，宁夏大学名列其中。

3月，冀永强副校长主持召开院（系）资料室书刊回溯建库工作会议，由此开始院（系）资料室书刊书目数据库建设工作。

5月17日，自治区主席马启智在自治区副主席刘仲的陪同下到宁夏大学视察工作，参观了逸夫图书馆。

7月，在中国图书馆学会第七次全国会员代表大会上，卫传荣馆长被评为"中国图书馆学会2001—2004年度优秀会员"。

10月19日，宁夏高校图工委举办"我的图书馆情缘"演讲比赛，史斌荣获一等奖，梁晓瑾荣获三等奖。宁夏大学图书馆荣获优秀组织奖。

2006年

1月12日，学校决定，马健任图书馆副馆长。

4月，为迎接教育部本科教学工作水平评估，图书馆对规章制度进行全面修订。

6月，孟云芳、张向东分别被校党委授予"优秀党务工作者""优秀共产党员"称号。图书馆第三党支部被评为"优秀基层支部"。

9月27日，宁夏大学与宁夏图书馆文献资源共享合作协议签字仪式在宁夏大学举行。宁夏政协副主席、宁夏大学党委书记、校长陈育宁，宁夏文化厅党组书记、厅长李克强出席签字仪式。卫传荣馆长与宁夏图书馆馆长丁力签署《文献资源共享合作协议》。宁夏图书馆第三阅览室设在逸夫图书馆四楼。

11月8日，校党委决定，卫传荣任图书馆党总支书记。

11月8日，学校决定，梁向明任图书馆馆长。

2007年

1月，马健副馆长赴上海交通大学挂职锻炼，这是宁夏大学第一批派往上海交通大学学习的管理干部。

3月29日，宁夏大学"十一五"重点建设项目——宁夏大学图书实验综合楼（含宁夏大学第二图书馆）开工建设，自治区政府副主席刘仲参加项目启动大会并致辞。

9月，教育部本科教学工作水平评估组专家陈春声教授等到图书馆听取汇报及实地考察。

9月，张红燕副馆长受宁夏党委组织部委派，到美国伊利诺伊大学芝加哥分校攻读工商管理硕士学位（MBA）。

11月28日，校党委决定，马志霞任图书馆党总支副书记。

2008年

4月，校党委决定，田金明任图书馆党总支书记。

7月，图书馆引进汇文图书管理系统，更换深圳大学 SULCMIS III 图书管理系统。

7月8日，宁夏高校图工委换届，梁向明馆长当选为委员会副主任。

10月，图书馆加入 CASHL（中国高校人文社会科学文献中心），成为 CASHL 成员馆。

2009年

4月23日，教育部发布《教育部关于成立第三届教育部高等学校图书情报工作指导委员会的通知》（教高函〔2009〕12号），梁向明馆长被聘为委员会委员。

6月12日，经国务院批准，宁夏大学图书馆藏稿本《汉石例六卷》入选第二批《国家珍贵古籍名录》（编号04352）。

7月30—31日，图书馆承办第三届教育部高等学校图书情报工作指导委员会成立大会暨第一次工作会议，校长何建国、副校长冀永强出席开幕式。

10月27日，在校党委书记齐岳、副校长冀永强的陪同下，自治区政协副主席马国权视察图书馆古籍保护工作。

11月12日，泰国前总理、泰中友好协会会长功·塔帕朗西率团访问宁夏大学，参观了图书馆。

2010年

3月15日，宁夏大学第二图书馆（现文萃图书馆）正式投入使用。

3月26日，图书馆承办"CASHL 走入西北之宁夏行"宣传与培训会议，副校长李星到会祝贺并致辞。

4月，在全区图书馆工作会议上，宁夏大学图书馆被宁夏文化厅、宁夏图书馆学会授予"全区图书馆公共服务先进集体"称号。

4月9日，宁夏图书馆学会召开第六次会员代表大会，梁向明馆长当选为学会副理事长。

6月12日，经国务院批准，宁夏大学图书馆藏稿本《香楠精舍金石契（不分卷）》入选第三批《国家珍贵古籍名录》（编号08156）。

6月30日，学校决定，门建新任图书馆副馆长。

9月20日，中国高等教育文献保障系统（CALIS）三期项目启动大会在北京大学举行。梁向明馆长参加大会，宁夏大学图书馆被正式确定为"CALIS 宁夏回族自治区文献信息服务中心"（简称 CALIS 宁夏中心）承建单位。

10月，在宁夏图书馆学会第二届图书馆学情报学优秀成果奖评奖中，我馆1部著作获一等奖、1部著作获三等奖、2篇论文获二等奖、4篇论文获三等奖。

2011年

5月10日，图书馆与学校研究生院联合发布《关于向学校图书馆提交硕、博士学位论文的通知》。

6月，图书馆第二党支部被校党委授予"先进基层党支部"称号。

10月，学校决定，蔡永贵任图书馆馆长。

12月，学校决定，郐秀丽任图书馆副馆长。

2012年

6月4日，美国国会图书馆 Ming Sun Poon 先生、印第安纳大学图书馆 Wen-ling Diana Liu 女士、埃莫瑞大学图书馆 Guo-hua Wang 女士等专家到图书馆参观交流。

10月，校党委决定，李树泮任图书馆党总支书记。

2013年

5月20日，教育部发布《教育部关于成立第四届教育部高等学校图书情报工作指导委员会的通知》（教高函〔2013〕7号），蔡永贵馆长被聘为委员会委员。

6月，马志霞、蒋伟霞、赵明被校党委授予"优秀共产党员"称号。

11月，CALIS 宁夏中心被 CALIS 管理中心评为"省中心建设三等奖"，张红燕、董湧被评为"先进个人"。

12月，图书馆荣获 CASHL 西北区域中心授予的"优秀 CASHL 成员馆"称号。

2014年

8月，中卫校区图书馆借用中卫市职业技术学校图书馆开展服务。

9月21-24日，宁夏大学图书馆承办"第七届图书馆管理与服务创新论坛"。本论坛由教育部高等学校图书情报工作指导委员会、中国图书馆学会高等学校图书馆分会、上海交通大学图书馆主办。

10月，图书馆荣获国家文化部授予的"全国古籍保护工作先进单位"称号。

2015年

4月23日，宁夏大学图书馆微信公众号开通。

5月，宁夏高校图工委换届，田军仓副校长当选为图工委主任，蔡永贵馆长当选为图工委副主任。

7月，图书馆二馆完成RFID自助借还系统、监控控制系统建设，实现图书馆二馆全面开放服务。

2016年

5月，逸夫图书馆维修改造工程启动，工程包括逸夫图书馆内外维修和内部功能布局调整。

6月15—17日，由中国图书馆学会高等学校图书馆分会主办，宁夏大学图书馆、教育装备采购网承办的"2016年中国高校图书馆发展论坛"在银川举办。宁夏大学副校长、宁夏高校图工委主任田军仓出席开幕式并致辞。

6月，逸夫图书馆完成RFID自助借还系统、监控控制系统建设，实现逸夫图书馆全面开放服务。

7月12日，宁夏高校图工委与CALIS宁夏中心联合发布"我眼中的图书馆"微视频大赛获奖名单。我馆1部作品获一等奖、1部作品获二等奖、4部作品获三等奖。

2017年

3月10日，宁夏图书馆学会第七次会员代表大会在银川召开，蔡永贵馆长当选为学会副理事长，李树泮书记、张红燕副馆长当选为常务理事。

3月23日，中卫市图书馆宁夏大学中卫校区分馆成立。

5月12日，学校聘任车进为图书馆馆长。

6月，学校发布校园楼宇命名通知，图书馆二馆被命名为文萃图书馆。

9月18日，校党委会研究决定，王彦仓任图书馆党总支副书记。

9月18日，学校聘任王彦仓为图书馆副馆长。

11月22日，校党委会研究决定，李慧琴任图书馆党总支书记。

12月1日，学校聘任陆凤红为图书馆副馆长。

12月29日，在第八届宁夏高校图工委代表大会上，车进馆长当选为图工委副主任。

2018年

1月30日，学校决定，聘任刘振宇为图书馆副馆长。

3月12日，贺兰山校区文科分馆（文荟楼705室）开馆。

4月，宁夏大学校园无线网（Wi-Fi）在图书馆开通。

5月13-16日，教育部本科教学工作审核评估专家王正斌、范讯等走访逸夫图书馆、文萃图书馆。

5月，五校区图书馆（逸夫图书馆、文萃图书馆、金凤校区图书馆、贺兰山校区图书馆、中卫校区图书馆）开通"委托借阅"（通借）、"通还"服务。

7月，图书馆引进江苏汇文图书管理系统，替代深圳大学 SULCMIS III 图书管理系统。

9月15日，图书馆举办宁夏大学图书馆建馆60周年座谈会。

12月4日，教育部"中国高等教育文献保障系统成立20周年暨从共建共享走向融合开放——2018年 CALIS 年会"在北京大学举行。宁夏大学图书馆荣获"中国高等教育文献保障系统"项目建设二十周年突出贡献奖。

2019年

3月18日，图书馆完成"2018年度中央支持地方高校能力提升项目"文萃图书馆空间改造与文化建设项目，改造后的文萃图书馆正式开放服务。

3月，图书馆成立"图书馆学生管理委员会"，简称"学生图管会"。

9月26日，图书馆举办"迎国庆 展风采"图书馆馆员职业道德演讲比赛。

10月17日，学校聘任马晴为图书馆副馆长。

11月7日，宁夏文艺评论创研基地在文萃图书馆揭牌成立，这是宁夏首批文艺界与高校联合创办评教融合的示范基地。

2020年

5月23日，校党委研究决定，王彦仓任图书馆党总支书记。

9月9日，在学校《关于表彰"立德树人奖"获奖人员的决定》中，李燕荣获"立德树人岗位标兵"称号。

10月30日，经国务院批准，宁夏大学图书馆藏《河东先生集（十五卷 附录一卷）》入选第六批《国家珍贵古籍名录》（编号12743）。

11月，图书馆分工会被宁夏教科文卫体工会授予"模范职工小家"荣誉称号。

12月，图书馆分工会被宁夏大学工会授予"基层工会先进集体"和"模范职工小家"荣誉称号。

2021年

3月4日，校党委研究决定，马玉玲任图书馆党总支副书记。

3月19日，宁夏大学知识产权信息服务中心成立，中心设在图书馆。

4月22日，学校聘任陈晓波任信息与学科服务部主任、严利民任文萃图书馆读者服务部主任。

6月18日，"中西部部省合建高校图书馆协作联席会"成立会议在山西大学召开，车进馆长参会并签署备忘录。

6月25日，学校聘任张新月任综合部主任、来晓玲任文献资源建设部主任、李燕任逸夫图书馆读者服务部主任、张华任技术支持部主任、梁晓瑾任综合部副主任、史斌任文献资源建设部副主任、刘芸任逸夫图书馆读者服务部副主任、杨娅娟任信息与学科服务部副主任、付泰森任技术支持部副主任、陈晓峰任文萃图书馆读者服务部副主任。

6月，武永久、赵明被校党委授予"优秀共产党员"称号；王彦仓被授予"优秀党务工作者"称号；信息技术党支部被授予"先进基层党组织"称号。

7月21日，由马玉玲副书记带队的图书馆中层干部一行8人，与宁夏师范学院图书馆同仁共同参加华东师范大学图书馆举办的馆员专业能力培训班。

7月，校党委常委会决定，将宁夏大学中卫校区图书馆命名为宁夏大学图书馆（中卫）。

9月9日，在学校《关于表彰"立德树人奖"获奖人员的决定》中，张新月荣获"立德树人岗位标兵"称号。

10月13日，图书馆举办"学党史 悟思想 展风采"——馆员读书分享大赛。

11月30日，学校决定，聘任倪刚为图书馆馆长。

12月24日，在纪念全国高校图工委成立40周年大会上，赵明被教育部高等学校图书情报工作指导委员会授予"高校图书馆榜样馆员"称号。

12月，经学校团委批准，图书馆学生管理委员会（简称学生图管会）成为挂靠学校团委的正式学生社团，更名为"书海探微"学社。

2022年

6月8日，图书馆举办"喜迎二十大 馆员展风采"微视频评奖及颁奖会。

8月8-9日，"中西部部省合建高校图书馆协作联席会"第二次工作会议在新疆大学图书馆召开，王彦仓书记、张红燕副馆长、陆凤红副馆长、资源建设部副主任史斌参加会议。

8月29日，宁夏大学图书馆（中卫）开馆运行，新馆建筑面积8605平方米。

9月8日，在学校《关于表彰"立德树人奖"获奖人员的决定》中，严利民荣获"立德树人岗位标兵"称号。

10月，图书馆党政联席会议决定，停止纸本期刊及报纸的订购。

2023年

3月21日，校党委研究决定，苗福生任图书馆党总支委员、副书记。

3月23日，学校聘任苗福生为图书馆馆长。

4月，贺兰山校区文科分馆撤销，图书搬迁至逸夫图书馆。

5月，图书馆完成学校贴息贷款"图书馆基础保障建设与升级改造"项目。

5月，图书馆集成管理系统由汇文 LIBSYS 5.6升级换代到汇文新一代智慧图书馆服务平台 META 3.0。

8月8日，图书馆承办的"中西部部省合建高校图书馆协作联席会"第三次工作会议在宁夏大学召开，校党委副书记周震在开幕式上致辞。

8月28日，中国科教文卫体工会全国委员会授予图书馆分工会"模范职工小家"称号。

9月8日，在学校《关于表彰"立德树人奖"获奖人员的决定》中，董湧荣获"立德树人岗位标兵"称号。

9月26日，宁夏大学古文献保护展示中心揭牌，原古籍特藏部更名为古文献特藏部。

12月，图书馆被宁夏图书馆学会授予"2021—2023年度优秀会员单位"称号。

12月，在文萃图书馆一层建成的校本文献服务中心投入使用，本中心可藏书近百万册。

第十章

回忆文章

圆梦路上

——我在宁夏大学图书馆工作的片段回忆

张向东（宁夏大学图书馆原馆长）

1970年7月，我从宁夏大学物理系毕业，留校在本系工作。后经我当时在学校图书馆工作的同学丁生俊向图书馆领导推荐，1976年7月的一天，学校组织部王力田部长找我谈话。他问我，"听说你很爱看书，你愿不愿意到学校图书馆工作？"我很高兴地就答应下来。

1978年秋季开学后，我去图书馆报到上班。先是和两位老太太（都是教授夫人）一起在报刊阅览室工作。老同志工作认真，严格遵守作息时间，我也尽量多干一些力气活，比如拖地、擦窗户玻璃等等，并养成了准时上下班（多半是早到迟退）的好习惯，大家友好共事。我打心里喜欢图书馆的工作，图书馆也真正是个读书学习的好地方。

1980年7月11日，宁夏回族自治区党委任命王业和先生为宁夏大学图书馆馆长，赵世敏、傅新海同志为副馆长。王先生1937年毕业于北京大学法学系，是我校图书馆中年龄最大、资格最老的工作人员，写得一手好字，宁夏大学图书馆早期的手写图书目录卡大多出自他的手，字迹流畅，格式规范。1980年国庆节放假返校后，王业和先生告诉我：北京大学图书馆学系要在宁夏举办一个图书馆学专科函授班，并给我报了名，11月底考试。通过考试，宁夏大学图书馆有7人被录取。到1983年底学完了规定的全部课程，1984年春拿到了北京大学图书馆学系函授专修科（大专）毕业证，我与老王馆长成了北大校友！

1984年2月底，宁夏党委重新任命傅新海同志担任图书馆副馆长，主持工作。

他是从农垦战线转到高教战线的一个老同志，中专文化水平，工作作风扎实，吃苦耐劳，学习刻苦，无论走到哪里，都勤勉踏实，工作出色。1984年5月，学校任命了图书馆各部门正副主任，我是情报资料部主任。傅馆长结合个人情况，在业务工作上鼓励各部门主任充分发挥作用，涉及各部门需要协调的工作或变动，他从不个人做决定，而是召开部主任会议讨论决定，他自己工作也很深入。傅馆长在图书馆正式职工中可能是学历最低的，但这并不影响他领导一个大学图书馆，而且把工作做得很好。傅馆长的工作作风给我留下了难忘的印象，成为我做好工作的又一个榜样。

1986年10月7日，校党委研究决定，王艳常同志任图书馆副馆长。1989年6月12日，校党委决定王艳常同志任馆长。她原来是畜牧系的老师，比我早几年到图书馆，长期在采编部工作，对《中图法》分类体系非常熟悉。1984年以来，先后担任采编部主任、副馆长，馆长。她业务熟练，工作很有魄力。

1990年9月1日，学校任命我为图书馆副馆长。我任职期间，通过到西安地区高校图书馆学习取经，在图书馆试行建立目标管理体系，我坚持每周带各部（室）主任对采编、流通（书库管理）、借阅、文检课教学等业务工作相互开展定量检查，及时发现问题，加以纠正：检查采编部分类和编目（著录）的错误率，促使工作人员增强责任心，养成通过讨论解决难题的习惯，促进编目质量的提高；抽查书库乱架率，加强工作人员和部门主任的责任心，提高了闭架书库中工作人员为读者找书的效率。开架书刊阅览室为读者找书的效率有所提高，提高了藏书的利用率。

1995年5月20日，中共中央政治局委员、国务院副总理李岚清在宁夏党委书记黄璜的陪同下到宁夏大学视察。在图书馆开架图书阅览室，我向李岚清副总理汇报说，我们馆开架书的数量还不多，同学们把书都看破了。李岚清同志笑着说："书看破了，说明利用率高，这是好事啊！"称赞"开架借阅提高了图书的利用率"。我在以后的工作中，坚持站在读者的立场想问题，把方便读者、提高藏书利用率作为图书馆工作追求的基本目标。

在提高员工的业务素质方面，传承王业和馆长当年对我们关心和培养的做法。在王艳常馆长支持下，我把提高工作人员业务素质作为自己的一项重要职责去履行，在坚持两周一次组织馆内业务学习的基础上，我以王业和馆长为榜样，关心、鼓励员工通过各种途径提高学历。我在馆务会议上建议各部主任给参加学历教育的员工安排一定的时间参加复习、考试，经王艳常馆长同意后实行。我认识到，员工参加学习是为了提高个人的业务素质，每个员工的业务素质都提高了，图书馆的整体水平才能得到提高。

1997年四校合并时，我以副馆长身份主持合并后的宁夏大学图书馆全面业务工作（兼党总支副书记）。在分管副校长毛军教授领导下，以及李群发（书记）、卫传荣（副书记兼副馆长）、李淑兰（副馆长）和胡敏（副馆长）等馆领导的支持与配合下，大家都能顾全大局，图书馆在合校后的人员安排上没有出现大的问题。在业务工作方面，我们除继续开展原有的服务工作外，着重抓了以下几方面的工作：一是逐步创造条件扩大图书开架借阅的范围，开架借阅的基本条件是图书中要加防盗磁条。在南校区图书馆试点时，我们发动全馆党员和入党积极分子在星期日义务加班，在书中夹磁条，结果比向学校承诺的时间提前几天完成了任务；再一个就是抓紧开展全馆藏书的计算机可读目录数据库建设，为全面开架和全校范围（三个校区）内开展"通借通还"做准备。1999年我馆引进深圳大学研制的图书管理系统后，逐步对原各校的图书和过刊合订本开展回溯建库工作，在此基础上，实行藏、借、阅一体的纸质图书的全面开架服务以及计算机流通管理。建库工作采取承包责任制的办法。建库用的计算机和网线从学校计算机中心租用。既保证了质量和速度，又节省了经费。合校后，陈育宁书记（校长）多次到图书馆调研，学校每年拨给图书馆的文献购置费由原来的每年60万元增加到120万元，年均新购图书10万多册。2000年，图书馆又引进《中国学术期刊全文数据库》等数字化文献资源，为全校师生提供了更多文献信息和更便捷的查找途径，为教学科研提供了有效的文献信息保障。

1999年11月，我被评为图书资料系列的研究馆员职称。2000年1月，学校任命我为图书馆馆长。不久，我又被选为宁夏高校图工委秘书长。2001年9月，我被中国图书馆学会授予"1997—2000年度中国图书馆学会先进工作者"称号。

2000年8月，在毛军副校长的指导下，为适应合校后图书馆实行书刊全面开架和计算机统一管理的需要，在1999年制定、修订的新宁夏大学图书馆管理规章制度的基础上，再次修订了全馆的各项规章制度，包括岗位职责、管理制度与办法、各项业务工作细则等29种，为图书馆管理工作更趋于科学、规范提供了依据。

1997年起，我多次代宁夏政协委员罗耀杰先生起草提案，希望自治区政府能为宁夏大学建设一座符合教育部要求的新图书馆。到1999年，提案在自治区人大、政协两会获得通过；五一节前，适逢香港爱国人士邵逸夫先生通过教育部向宁夏捐赠港币600万元，条件是要求宁夏政府提供相同数量的配套资金，指名要为宁夏大学援建一所图书馆，不得移作他用。自治区领导非常重视这笔捐款，五一期间，通知学校分管财务的副校长吴海鹰同志去北京到教育部商定此事，宁夏大学图书馆新馆舍建设于是得以立项，当年10月奠基。这时我已主持合并后的宁夏大学图书馆全面工作，成为学校筹建逸夫图书馆领导小组的成员。

2002年春夏之交，新馆主体工程竣工，在毛军副校长亲自指导、督促和其他馆领导的大力参与、配合下，全馆职工抓紧搬迁工作。按预定方案合理布局，搬好一部分就先开放一部分，逐步实现了全面开架管理。在毛校长带领下，我们还精心设计、施工，使一楼大厅的装修成为一个亮点。在图书馆大厅东侧墙上布置大型推荐书目（用中国书法艺术制作），在大厅西侧和门口陈列欧洲文艺复兴时期的雕塑名作，呈现出中西文化交融的浓郁文化氛围。2003年，教育部专家小组对邵氏基金赠款项目工程进行实地考察评估，宁夏大学逸夫图书馆在同一批项目评比中获得一等奖。

2002年，在图书馆由旧馆搬入新馆的全过程中，毛军副校长经常在图书馆指导我做方案，制定进度表，督促我按进度完成各项任务。毛军副校长毕业于清华大学，他严谨的工作作风给我留下了深刻的印象。在毛军副校长亲自带领和督促下，图书馆搬迁工程圆满完成，没出任何差错和意外。新馆投入使用后，按照陈育宁书记的提议，毛军副校长带领我们在全区各单位（我还在全国高校图书馆中）寻求捐赠，先后共得到现金加实物（图书、计算机等）折合现金共约120万元。几年来共同相处，我从毛校长身上学到了不少优良作风和与人交往的艺术，我们成了无话不说的朋友。2006年我去中国矿业大学银川学院应聘图书馆馆长，还是毛军副校长建议我去的。

2002年底，我退出馆长岗位，学校任命我为正处级调研员。我以调研员的身份负责管理图书馆古籍书库。在张迎胜教授的支持下，我给几届文科研究生举办古籍查找小讲座，使古籍利用率比过去大大提高了。我向宁夏教育厅申请了一项课题——制定《宁夏高校图书馆评估指标体系和实施办法》，获得课题费1万元，我邀请银川地区的部分高校图书馆馆长参加。在制定过程中，我带领课题组成员到各高校通过自评修正指标，保证指标的科学性与可行性。宁夏教育厅办公室向各高校发出通知，启动高校图书馆自评工作。经过两年的自评和检查，推动了我区专科院校图书馆实现了由中专学校资料室向大专院校图书馆的转变。宁夏职业技术学院、宁夏工商职业技术学院、宁夏财经职业技术学院、宁夏建设职业技术学院、宁夏司法警官职业学院的图书馆由原来设在教务处下的科级（有些甚至没级别）逐步升格为独立的副处级单位。课题通过了教育厅的验收，虽然没有再组织正式的评估，但已经发挥了评估的实际作用，受到区内各大专院校领导和图书馆馆长的好评。

2006年6月底，我年满60岁退休。在宁夏大学图书馆工作的这些年，使我逐步走向成熟，在曲折中实现了高中时就梦想能进入北京大学图书馆学系的梦想。他人有所长，我有所短，应取长补短，互相尊重，共同做好工作。在圆梦路上，我遇到了不少好领导、好同事、好导师、好榜样，我没有半途而废，也没有停歇。天道酬勤，最终的结果远远超过了青年时的梦想，有了一点小小的成就感，我已知足。

以上只是追记了我在图书馆工作中印象最深、对我影响较大的一部分人和事。无论是对我起到榜样作用、给予帮助或关心的老师、学校和图书馆的领导，还是一般同事，我都要感谢他们，并铭记于心。是他们与我同行，支持、促成我实现了自己的梦想，并达到了圆满。

修改于2023年12月

我和馆藏线装古籍

刘玉梅（宁夏大学政法学院原党委书记、宁夏大学图书馆原副馆长）

我和馆藏线装古籍的"相识"源自于1979年3月。

图书馆与宁夏大学同步建立，并随着校址的变迁而多次搬迁。我到图书馆时，它位于校本部运动场北侧（现在"逸夫楼"的位置），坐北朝南的三层楼，名曰"大红楼"内，紧邻西边的"拐角楼"，与操场南侧的"小红楼"遥对。

图书馆在楼内占据了一部分位置：一楼有书库、采编室、线装古籍库和办公室，靠西南边还住着几户人家；二楼和三楼分别有一个阅览室和领导办公室，其余是教室。赵有成、赵世敏是当时图书馆的负责人，馆里有20多名工作人员。我报到后两位领导介绍了图书馆工作在高教中"兵马未到，粮草先行"的重要性，也提出了需要注意的问题。我先是在周佩英老师和高虹同志的指导下，在社会科学书库借还书，时间不长就到了古籍组，在刘之樾老师的带领下开始整理线装古籍。

特定历史时期的线装古籍多遭破坏，周恩来总理生前就提出"要尽快把全国善本书目编出来"。为了实现周总理的遗愿，在全国范围内对线装古籍进行全面整理，其目的就是摸清家底、继绝存珍；继往开来、抢救性修复；纸页其萎、风范长存；再生性保护、嘉惠当代、泽被千秋，最大限度地挽救中华民族优秀传统文化。宁夏也随即成立了古籍整理小组，负责人是宁夏图书馆馆长高树榆，刘之樾老师任副组长。

刘之樾老师1958年从北京回民学院调到宁夏大学图书馆。刘老师生于1917年2月，1938年9月考入燕京大学社会学系，1940年10月转入中国人民大学政治经济系。刘老是图书馆的建馆元老，但从不居功自傲。他文史功底好，知识面广，谦逊和气、与人为善，特别是写得一手非常漂亮的蝇头小楷令人佩服。他在图书馆担任采编部主任，主管线装古籍。

宁夏大学图书馆的线装古籍大多是1958年建校初期由北京大学及北京地区的几所兄弟院校捐赠的，也有私人藏书。收书时间为明中期至清末，即明代嘉靖年间到清朝末期，内容涵盖我国古代历史、经济、文化、军事、地理、科技等方面。这些书大多是由刘之樾老师带领当年从各大院校分配到宁夏大学任教的年轻老师，用架子车从20里以外的西花园火车站一车一车地拉回来的。新建的学校虽然条件简陋，但有了属于自己的藏书，也是十分令人高兴的。"文革"时期的高校所有工作停滞，图书馆被封馆，命运多舛的线装古籍也未幸免于难！刘之樾老师被下放到校办工厂劳动，再回到图书馆已是年过花甲。

古籍书库位于图书馆一楼西北角，第一次走进古籍书库令我大吃一惊！没想到映入眼帘的两大间书库灰暗阴冷，满眼的尘土厚厚地压在书上，刺鼻的霉味直冲头顶。杂乱无序的线装书有的有函套，有的没有函套，东倒西歪、相互挤压在老式的木质书架上。有的夹板坏了，散落的书用麻绳捆着扔在地上，还有的用麻袋装着堆在墙角。更不可思议的是，一些书曾被水泡过，粘成一个土块……触目惊心！用刘之樾老师的话说"看到送给别人的孩子遭罪，不忍心再看见！"

我和线装古籍的亲密接触就从除尘开始。面对一屋子的"新面孔"，真有点"老虎吃天——不知从哪儿下口"！馆里提供了简单的劳动工具，我只能先打开还能打开的锈迹斑斑的窗户，大致打扫出一个落脚点，暂时让"久睡"的尘土"搬个家"。然后每天都是先用刷子仔细刷去函套上的灰尘，没有函套的则轻轻用手拍去灰尘。粘在一起还能剥开的，就小心翼翼地慢慢剥开，需要晾晒的就挪个地方摊开晾上。按首卷目录查看是否完整，若有缺损就暂放一边再补配，周而复始。每天下班时常常是灰头土脸，鼻孔是黑的、吐出的痰是黑的，尽管做了些防护也无济于事。看着这些遭过一劫的"幸存者"，五味杂陈！

开展全国古籍整理的目的之一是编撰《全国古籍善本目录》。由于有时间限制，我来之前，刘老师已根据要求拟定了整理规程，并制定了《宁夏大学图书馆线装古籍分类表》和《宁夏大学图书馆线装古籍著录规则》，我在刘老师的指点下顺着书架开始整理。在工作中学习，让我逐渐知道，所谓古籍就是古代书籍的简称，主要是指"书写或印刷于1911年以前、反映中国古代文化、具有古典装订形式的书籍"（国家标准局《古籍著录规则》，1987年）。什么是线装？《辞海》定义为：线装书刊装帧形式之一。将印页依中缝折正，理齐书口，加封面，切齐毛边，打眼穿线而成。为防止损坏，有时外加书函（书套）或上下夹以木板后用带扎紧，为中国刻板书籍的主要装帧形式。可以说，线装是中国古籍的主要装帧形式。

古籍因有多个图书馆转赠，就有了多馆的藏书章。藏书章也叫印记、印鉴，因此有了多个登记序号。这些序号都要在分编前用刘老师自制的小工具逐一压线消去，按"后来在前"的古例在卷首加盖"宁夏大学图书馆藏书"的印记。为了保证时效，在刘老师的指点下，我认识了什么是封套（书套）、夹板、板心、书口、书根，还逐渐掌握了一些著录要求：书名、卷数，作者所处时代、姓名，勘刻年代、书局，册数、类别。如果"板框"（也叫"栏线"）特殊就要注明；"书口"也叫"板心"，有黑线的叫"黑口"、没有的叫"白口"，木板心上下的黑线又叫"象鼻"，木板心中缝有形状像鱼尾纹的也要注明，"鱼尾"大多刻在书页板心的上节或下节，也是折叠书页的标号。一个的叫"单鱼尾"，上下同时刻两个的叫"双鱼尾"，黑的称"黑鱼尾"、白的称"白鱼尾"，另外还有"线鱼尾""花鱼尾"，元末刻本多用"花鱼尾"。装帧特殊也要注明，如"经折装""金镶玉""蝴蝶装"等等，这些甄别版本的标记都是我先用铅笔写好后，夹在古籍第一卷交给刘老师校对，有不对或不准确的，刘老会用橡皮擦去重写并且告诉我错在哪里，我再把正确的著录内容抄在正式的卡片上交由刘老分类，然后他再用俊秀的小楷写上垂签，我再根据垂签上的内容登记入账（一部书一个号著录在前，册数登在后）后，按"经史子集"分类上架。这种流程只针对比较完整而且对著录内容也能准确判断的古籍。而对一些内容不全、刻本讲究、无从考证、残缺不全、无法辨识刻本年代的古籍，刘老就通过题跋判断，或查阅相关资料确认，从不轻言放弃。由于年代久远，有些古籍边角破损，刘老就用"金镶玉"的衬纸精心修补；有些粘在一起的书，本身纸黄易碎，还得小心翼翼地仔细剥离，甚至有些书粘在一起无法剥离，都不舍得丢弃。尤其刻本有保留价值的古籍，更是像呵护小孩子一样精心修复。有些书的装订线朽了、断了，还要换上新线重新订上，所以桌子上放些针线锥子就不足为奇。有些函套坏了，能粘的就粘，粘不了的就找些还能用的夹板重新组装。由于多年堆放，一部书就有可能会前后多次重复著录。有时下班我去幼儿园接孩子先走了，刘老师校勘太投入，好几次被锁在了办公室。

刘老对我要求很严，就是写草片时也必须做到一笔一画、横平竖直、工工整整。尽管写草片的纸是用废弃的统计单裁成的，背面写也不允许浪费，更不许随便用垂签，那是用宣纸专门印的。如果同样的错误重犯，就要接受严厉的批评。就这样，在刘老的带领下，我们硬是在十分简陋、十分困难的条件下，用两年时间把5万多册3千多部线装古籍一一审校、考证，按照要求准时上报，九十部一千五百零二册古籍善本目录经鉴定全部合格。刘老随同全国古籍善本书目编辑组西北验收组赴甘肃、青海、陕西等地进行古籍鉴定工作。

1980年，学校填平了校园东边废弃的游泳池，在这个基础上建了占地3200平方米的图书馆，图书馆终于有了独立的新馆舍。遗憾的是两位赵馆长为建新馆操心奔波，却没能等到搬新馆的那一天，令人惋惜！

新馆坐东向西两层楼，线装古籍办公室在一楼南侧，书库在二楼南侧。那时的整理已经基本走上了正轨，大部分线装古籍都有了自己的位置，我和刘老的配合也越来越默契。为了让"幸存者"更好地发挥作用，我们借鉴国家标准编制了《宁夏大学馆藏善本目录》《宁夏大学馆藏珍本目录》，极大地发挥了线装古籍的作用。那些实在配不齐或者残缺不全的散书，就放在了"提存库"（新馆面积有限，在一楼南北两个角建了两个简易书库）。刘老忘我的敬业精神令人钦佩，由于工作压力大、年事已高的他不幸得了脑血栓。养病期间再三嘱咐我要做好哪些工作，同志们去探视也都在询问图书馆的工作。刘老对我循循善诱、孜孜不倦地教导，使我顺利完成了北京大学图书馆学专业函授学习，取得了又一个毕业证书。刘老为图书馆工作任劳任怨、无私奉献了自己的一生，1988年病逝。我能在刘老的教导下与线装古籍"结伴"，是我人生路上的一大幸事，感念至今！

随着图书馆工作的调整，我与馆藏线装古籍的"相伴"就由主业变成了"副业"——承担其他工作的同时兼管线装古籍特藏书库。1994年初，我接受与复旦大学联系、接洽摛藻堂《四库全书荟要》影印本的工作。学校很重视，责成校办对外联络处协助，同时拨专款定制了新书柜，设置专藏书库。1994年8月，净空法师捐赠摛藻堂《四库全书荟要》影印本捐赠仪式在图书馆举行。宁夏大学领导同前来参加捐赠仪式的复旦大学统战部鄂基瑞部长、图书馆秦曾复馆长，以及宁夏大学图书馆领导及有关同志出席了捐赠仪式。

线装古籍是图书馆藏书的一大亮点，我有幸陪同校领导接待了几位国内外重要领导和学者（以时间为序）：

1984年9月20日，全国人大常委会副委员长班禅额尔德尼·确吉坚赞来校视察工作，到图书馆参观了线装古籍书库；

1988年9月25日，宁夏回族自治区成立30周年，中央代表团副团长、全国人大常委会副委员长雷洁琼在自治区领导陪同下来学校参观访问，到图书馆参观了线装古籍书库；

1993年8月17—21日，当代著名生物学家、美籍华人牛满江教授及夫人应邀来宁夏大学进行学术考察，到图书馆参观了线装古籍书库；

1995年5月20日，中共中央政治局委员、国务院副总理李岚清在自治区领导陪同下视察宁夏大学，到图书馆参观了线装古籍书库；

1995年11月期间，日本岛根县立国际短期大学校长岛田雅治等来宁夏大学访问，在图书馆参观了线装古籍书库。

1996年9月末，由于工作变动，我离开了工作多年的图书馆，与线装古籍的联系也由此中断，但是从中得到的收获却终生难忘！

2022年12月

难忘的记忆

——宁夏农学院重建初期的图书馆

王振国（宁夏大学图书馆信息服务部研究馆员）

20世纪70年代初，宁夏大学农学系、畜牧系从宁夏大学分离出来，与永宁农校合并成立宁夏农学院。筹备两年多的宁夏农学院，1972年开始招生，两个系共招收80名学生。这些学生文化程度参差不齐，有老三届中的高中生、初中生和小学毕业生，他们大多数是来自农村返乡青年。此外也有在职职工、现役军人、复员军人，被称为工农兵学员。这些学生经历了"文化大革命"，文化断层严重，因此学知识的欲望强、劲头足。

西南联大校长梅贻琦先生有句名言：大学之大不在于有多少大楼，在于有多少大师。农学院刚成立时，既缺大楼也缺老师，更缺图书。化学老师从宁夏大学借书，生物化学老师从宁夏医学院借书，传染病老师从甘肃农业大学借书。农学院图书馆是在五个人、十间平房的基础上建立起来的。当时有句形容图书馆的话：五六个人，六七条枪。六七条枪指的是六个火炉。一到冬天，头天火炉封不好，第二天上班就要重新生火，满屋子烟雾缭绕，令人难以呼吸。

1975年，我从宁夏农学院毕业后留校到牧医系任教，做了两年教学工作，感到很迷茫，不知道自己想干啥？适合干啥？调到校团委从事学生工作后，在工作中遇到了一些困难后进行反思，深深感到自己知识匮乏，急需学习知识，掌握技能，提升自己的工作能力，因此我选择了图书馆这个知识的海洋。1979年11月我到图书馆上班，被分配到采编室。当时采编室只有2个人，1位是邵瑾芳老师，她是宁夏大学农学系的毕业生。另1位是图书采购员马兆男，工作认真，兢兢业业，和大家相处得特别好。采编室积压了不少社会科学类图书，我第一次看到那么多见所未见、闻所未闻的好书，如获稀世珍宝。第一天看书忘了中午吃饭的时间，邵瑾芳锁门时发现我还在那里看书。第二天、第三天一连几天，我什么事都没干，就坐在那里看书，这事让人反馈到馆长那里。我记得早上刚上班，馆长端着水杯子客气地说："小王爱看书是好事，可是不能影响工作，工作累了，看看书调节是可以的，不能只看书不工作。"他的批评就像打开一扇窗户，涌入一股清新的气息，让我调整了看书和工作的关系。采编室后来又调来了吴丽萍，加工文学图书。阅览室是一位说四川话的老太太张孟君管理着，借阅室工作人员有李英华和贺御美。后来吴丽萍、贺御美调回浙江，邵瑾芳调到宁夏广播电视大学。

农学院图书馆从宁夏大学农牧两系分来的图书非常有限，永宁农校的图书本就不多，在"文化大革命"中又遭到破坏，因此图书馆藏书非常有限。农学院成立前设立的过渡组织——筹备处陆续购进了一些图书，以文学书为主，一时分编不出来，开学面临的问题是"僧多粥少"。馆舍和馆员严重不足，一切皆是百废待兴。那时是六天工作制，周三下午政治学习，周五下午闭馆打扫卫生，剩下工作时间只有五天。入冬前，煤拉来了卸煤，大家都是装卸工，还要闭馆砸煤块。周五下午又是清洁工，不仅要打扫室内卫生，还要把室外门前院子打扫干净。严格地说，当时的图书馆确实不像图书馆，门口没有图书馆的牌匾，阅览室门上挂个小牌——阅览室，流通室门上挂个小牌——流通室，告诉大家这是阅读报刊和借阅图书的地方。

图书馆在10间平房中分三个室。一是采编室，1间平房，工作人员3人，1人分类社会科学图书，1人分类自然科学图书，另1人专门书写书标，贴书袋卡。工作人员除了分类编目，还要负责修补损坏的图书。开线的、掉皮的，线绳、锥子样样俱全。采购员马兆男除了采购图书，大部分时间是帮助加工、分编图书。她是筹备处工作人员之一，在图书馆成立之前负责采购工作。因为没有正式图书馆，领导和职工想看书，就将刚买来的图书登记一下，就借出去了。在当时人们就把这种有借有还的地方称为临时图书馆。二是阅览室，有2间平房，2条长桌，两边各放着2个凳子，报刊架上放着十多种报纸，期刊柜里有十来种消遣的期刊。屋子两边各有一个火炉，有1个工作人员管理。左边1间平房是采购来的新书库房。三是借阅室，有6间平房，书架上经常流通的图书有3万多册。刚开始只有1个人管理，后来又增加了1人。借阅是封闭管理，找书，排卡，上架，两个人忙得团团转。所以李英华和贺御美老师，连续几年都被评为先进工作者。馆长没有办公的地方，上班就到采编室坐坐，周五下午政治学习，他就让别人读读报纸，说得最多的话是：我不懂图书管理，你们该干啥就把啥干好！过了两年他离休了。新来的馆长是部队转业干部，人很和气，大家称他为工农干部，他虽然不懂图书馆管理，但工作认真负责，使图书馆工作井井有条地正常运转。他严把图书馆进人质量关，杜绝有些人认为只要认识123就能在图书馆工作的说法。后来杨希安担任图书馆副馆长（主持工作），他是解放前金陵大学毕业的，上任后先把大家召集到一起，讨论图书馆管理存在的问题，定制度、建章程、培养年轻人。从1978年开始，先后有3位工作人员到兰州大学、华东师范大学和北京师范大学图书馆学系进修，3人到西北农业大学图书馆跟班学习，从而提高工作人员专业素质，图书馆逐步走上正轨。到1980年，学校由当初农学、牧医两个专业扩大到园林、农业经济、农业机械、生物科学、食品科学七个专业学科，在校大学生达到1 500多人，购书经费由原来的两三万元，达到了近十万元，年购新书13 000余册。工作人员从8人增加到14人。从1972年到1980年，宁夏农学院图书馆在这10间平房里，迎来九届新生，送走了六届毕业生。图书馆作为大学的三大要素之一，师资、设备、文献，虽然没有舒适的阅览环境，却创造了图书高流通量、高阅读人次。

1980年在陕西杨陵召开了西北五省（区）农业图书馆工作研讨会。同行给我们的评价是，以最简陋设施，创造了优质的服务。但不论如何评价，当时的图书馆已经容纳不了逐年增长的文献，也满足不了师生对文献的需求。1980年设计的3 300平方米的图书馆大楼，于1981年动工兴建，1983年土建工程完成后开始装修，1984年夏季搬进新馆，从此结束了图书馆12年10间平房的拥挤时代。图书馆新馆的工作人员由原来14人增加到24人，部门由原来的三室变成了一室四部：办公室、采编部、流通部、期刊部（下设两个室，社会科学阅览室和自然科学阅览室）和情报资料部。

时光荏苒，岁月如歌，转眼间我已在图书馆工作了6个春秋，经历了图书馆从10间平房到3 300平方米图书馆大楼的发展，看到了图书馆由小变大，由弱变强的过程，见证了图书馆的吐故纳新。一批批老人退休，一批批新人接过他们的优良传统，将图书馆建设得更好。7位同志被评为副研究馆员，2位同志被评为研究馆员。我也从一个生机盎然的青年步入了古稀之年，每当想起宁夏农学院重建初期的图书馆人不畏困难、艰苦创业的往事，我就心潮澎湃，久久不能平复，这段经历成为我终生难忘的一段记忆！

2023年12月

记忆犹新的几件事

邵晋蓉（宁夏大学图书馆信息服务部研究馆员）

宁夏工学院图书馆于1984年正式建馆，馆舍小、人员少，是个名副其实的小馆。虽然馆很小，但读者服务却不少。我1995年3月到宁夏工学院图书馆工作，被分配在情报部。当时图书馆在教学楼二层，面向师生服务的场所有：现刊阅览室、过刊阅览室、工具书阅览室、外文阅览室、中文书库。采编部、情报部等部门为读者服务提供文献保障和支持。全馆共有十几位馆员，分布在各个岗位。虽然人员不多，但能感受到馆员们的工作热情非常高。在常规的读者服务之外，馆员们想方设法开展一些增值服务，让图书馆的文献发挥出更大的效益。

宁夏工学院图书馆与宁夏大学图书馆合并至今已有二十六年，虽然时光飞逝，但宁夏工学院图书馆读者服务的几项工作却依然使人记忆犹新。

读者服务之新生入馆教育

读者是图书馆服务的对象，没有读者，图书馆的服务也就无从谈起。培养读者良好的信息素质，让他们更多地了解图书馆文献信息，走进图书馆，利用图书馆，是馆员们自始至终都非常重视的工作。对于刚进入大学的新生，学会如何有效地利用图书馆、利用图书馆各种文献的方法，对他们今后的学习将有很大的帮助。针对新生利用图书馆的教育，图书馆的老师们可谓是采用了多种灵活的、直接的形式。每年新生到校后，图书馆便立即安排新生接受入馆教育。

我们将各系的学生按班级组织，首先在教室给他们讲解简单的文献知识、介绍图书馆概况以及利用图书馆及其文献信息的方法和注意事项，这项工作主要由我承担。集中讲座之后带他们到图书馆各个服务场所实地参观、体验，以加深对图书馆文献服务的了解。那个年代，书库对学生是闭架的，能够进到书库近距离接触书架上的图书，则是一件非常开眼界的乐事呢。学生参观时，各个部门的馆员都参与其中，为学生实地讲解、演示。当时由于中文书库是闭架借阅，读者需要先查找目录，因此，要向学生介绍卡片式读者目录中分类目录和书名目录等的使用方法，馆员们就耐心细致地给学生进行指导。恰好那时北京大学图书馆制作了一个如何利用图书馆目录的录像，在李群发馆长的支持下，图书馆联合电教室（即电教中心）购买了这个录像的磁带，用以配合新生的入馆教育，组织学生观看，再结合宁夏工学院图书馆文献的具体使用方法进行讲解。年复一年，馆员们乐此不疲，学生们受益匪浅。

读者服务之《图书之窗》

一份小报架起图书馆与读者之间沟通的桥梁。1995年12月，在栾理珉老师的提议下，将中断数年的《图书之窗》恢复。这是一份由宁夏工学院图书馆自办的小报，据赵明智老师回忆，第一期由沈丽萍老师主编，第二期至第十期由赵明智老师主编。主要内容是向读者推介图书馆新到图书、期刊，每学期办二期，每学年办四期。沈丽萍记得最清楚的就是当时是采用手写、在钢板上用蜡纸刻写、油印机印刷的方式来编这份小报的，读者夸赞沈老师的字写得很漂亮。后来，由于人力、经费等原因，《图书之窗》办到第十期暂停了。1995年12月重新恢复。报名、刊期接续之前的《图书之窗》，主要由我负责，其他馆员配合。小报的内容包括文献知识介绍、文献检索技巧、图书馆书刊推介、读者与图书馆互动等。办报的方式也比较原始，先用针式打印机将有关内容打印出来，按版面要求剪切粘贴，然后用复印机复印出来。图书馆多位老师曾为其撰稿，时任图书馆副馆长的张文元老师为小报书写报头。复刊的《图书之窗》从总第十一期到总第十五期，历时二年半，在宁夏工学院与宁夏大学合并之后停办。虽然这份小报办的时间不长，但在当时也发挥了一定的作用，我将其称之为一棵小草，虽小，可是在图书馆读者服务中它呈现出焕发生机的一抹绿意。

读者服务之期刊目录

为了紧密配合学校的教学科研，图书馆定期与各系（部）进行沟通，比如将图书征订目录送到各系（部）请老师们选择，听取他们的建议和意见，新书到馆之后，将部分书目采用张贴宣传等方式，向读者推介。赵明智老师还编辑出版了《宁夏工学院期刊目录》一书，内容包括四系一部全部期刊。沈丽萍老师将原版外文期刊订单发送到各系部征求老师们的订购意愿，由于当时的外文原版期刊价格较高，最后只有建筑工程系的系主任张祖绵订了一份，他经常到图书馆来看。可见，只要工作做到了，就会有收获的。

读者服务之期刊交换

为了扩大文献资源收集渠道，我们采取多种方式以获得更多的文献资料。从1996年开始，图书馆与《宁夏工学院学报》编辑部联合，《学报》编辑部将每期一定数量的学报交由图书馆，图书馆把这些学报作为交换刊物，与全国多所高校图书馆进行交换。交换工作主要由我和王桂香老师负责，从1996年初到1997年4月共发出交换刊物2240多份，收回交换资料390多份，一定程度上丰富了图书馆的期刊资料。

读者服务之文献检索

1981年，教育部发布《中华人民共和国高等学校图书馆工作条例》，将"开展查询文献方法的教育和辅导工作"作为大学图书馆的任务之一。1984年教育部发布《关于在高等学校开设〈文献检索与利用〉课的意见》之后，一批老馆员们积极参与和推动此项工作的开展。

1995年，在栾理珉老师的积极努力下，图书馆为二至四年级的大学生开设了情报检索课，栾老师在课堂上生动有趣的讲解，深受学生们的欢迎。最初我作为栾老师的助教参与教学，1996年初栾理珉老师退休，我便承担了文检课的教学任务，文检课以模块课和公共选修课的形式逐步展开。授课过程中，我采用多种教学方式，充分调动学生学习的积极性、主动性。20世纪90年代的检索工具主要是印刷型的，用手工检索，我便结合教学内容，编制实习指导书，引导学生使用各种检索工具，例如《全国报刊索引》《中国专利索引》《工程索引》《化学文摘》等。学生进行文献检索的内容主要涉及这样一些方面：根据学生的专业课程学习设计检索内容；结合学生课程设计任务选择检索内容；与指导毕业设计的老师联系，参照毕业设计题目选择检索内容等，这样做的目的是让学生在进行文献检索时能够有的放矢，学有所用。除了让学生了解本馆文献资源及使用方法外，还带学生到校外文献信息机构进行参观学习。当时（1996年）宁夏图书馆位于新市区同心路，学生们整队到达宁夏图书馆，参考咨询部肖群主任为同学们讲解自治区图书馆的相关文献知识和利用方法。到自治区档案馆考察学习，同学们实地了解不同类型的文献及利用方法。通过观看自治区档案馆的缩微文献，同学们对各种类型的文献有了更深刻的感性认识。

为了使学生了解、掌握文献的分类规则，我将学生分成若干小组，到工具书阅览室，在负责阅览室工作的张银芳老师的引导下，让学生们参与整理书架上的图书，如果发现图书排架中的问题，则利用课堂上所学的内容对存在的问题予以解决，在实践中学习文献分类知识。

当教学内容进行到一定阶段时，将学生分成若干小组，每个小组从选题、文献检索开始，直到按标准格式完成一篇小论文，然后每个小组推选一人宣读论文，其他同学提问，现场气氛很活跃，效果非常好。课程结束时考试形式也很灵活，一是采用半开卷或开卷考试形式，要求学生从选题开始，叙述文献检索过程，并最终完成一篇论文；二是针对特定题目设计检索策略、检索出相关文献；三是采取口试方法，教师事先设计若干试题题目，学生自由选择试题进行回答与分析，等等。这些教与学的方式，学生们比较喜欢，感受深刻，他们有不少的感想呢。

在与宁夏大学图书馆合并之初，在李群发馆长和毛军副校长（主管图书馆工作）的大力支持下，图书馆订购了《中国专利光盘数据库》，这一下，学习专利检索就方便多了，不再仅仅是利用印刷本的《中国专利索引》了。只不过，当时只有一台计算机，学生们需分成若干小组，每组4~5人一起检索，无论如何，检索方式还是有了很大的改进。合并之初的一两年内，文献检索教学仍然延续宁夏工学院图书馆原有的教学方式。

每当看到学生能够运用所学到的文献信息检索知识解决学习中的问题，看到他们通过学习，能够比较顺利地完成相关论文写作的任务……甚感欣慰。

有的学生已经毕业离校多年，在连续多个教师节，馆员都会收到学生发来的节日祝福；有的学生在课程学习结束之后，还多次来咨询问题；有的学生说，我们为图书馆有你们这样的老师感到骄傲。

看到、听到这些，我们所做的一切，值了。

宁夏工学院图书馆虽然是个小馆，可小馆的读者服务却不少，小馆也会发出她的光和亮，也有着属于她的精彩！

2023年11月20日　于银川

后　记

　　"把握历史、展望未来"是图书馆馆史编撰的初衷。《宁夏大学图书馆简史（1958—2023）》（以下称《简史》）经过三年多的资料收集和编写，即将出版发行。此刻我们既有完成编写任务的如释重负，也有不堪担此大任的惶恐不安。好在有张向东、卫传荣、刘玉梅、李淑兰、杨勤等前辈馆长的鼓励与支持，才又重拾初心，一路前行。

　　《简史》采用了300余张照片。建校初期的照片来自《宁夏大学五十年（1958—2008）》《欲栽大木柱长天——镜头里的宁夏大学》等校史著作。这些珍贵的老照片虽没有标注拍摄者的姓名，但并不妨碍编者对他们的敬意。特别是原宁夏大学校办主任周鹏起先生拍摄的老照片，在其家人周佩茹、周群、陈晓波老师的许可下，可以无偿提供给《简史》使用。其他照片来自图书馆收藏的照片以及由赵明、夏静文、王小莉、孟玉明、李燕、李玉琴等老师拍摄或提供。这些照片使得原本枯燥的馆史，变得生动、鲜活和温情。

　　《简史》初稿完成后，张向东、卫传荣、梁向明、蔡永贵、车进5位馆长以及现任馆领导王彦仓、苗福生、马玉玲、陆凤红、马晴对《简史》提出修改意见，由王彦仓书记撰写序言。

　　《简史》中的回忆文章由张向东馆长、刘玉梅副馆长以及原信息服务部研究馆员王振国、邵晋蓉老师执笔。

　　《简史》中的院（系）资料室工作，原物电学院资料室董玲、原经管学院资料室路金芳老师补充了相关资料。

在《简史》编写过程中，才波副馆长以及侯丽君、张宁玉、贾志宏、刘志军、马谦、万江、陈冬梅、杨娅娟、何金晶等老师给予了帮助。

学校档案馆原副馆长马海龙、档案馆胡彬老师提供了图书馆早期的档案史料。阳光出版社贾莉老师对本书提出了修改意见和建议。

上述领导、老师在本书撰写中提供的指导和帮助，在此向他们一并表示由衷的感谢！

编 者

2024年9月